霊感がなくても
見えない世界とつながると
生きやすくなる！

読むだけでスッキリわかる
「あの世」とのつき合い方

世界の
心霊書が
教える真実！

頌桂
心霊学徒

コスモ21

カバーデザイン◆中村　聡

はじめに

1 「霊は実在する!」この発見が私の人生観を変えた

心霊についての本を著す人は、たいてい霊能者だったり(私は神からのメッセージを受け取りますとか神と会話ができますという人も最近は少なくありません)、あるいは心霊体験者だったりすることが多いようです。しかし、私に霊能力はまったくありませんし、また、幽霊を見るなどの心霊体験もスプーンを曲げるなどの超常的現象の体験もありません。それに霊能者や心霊体験者が身近にいるわけでもありません。

そんな私が心霊現象の真偽を解明しようと心霊世界の研究に入り込んでしまったのには理由があります。かつて私は人生に疲れて非常に苦しい時期がありました。生きる希望もない苦悩の日々のなかで、どうすればそこから抜け出せられるかと自己啓発本など幅広く書物を読み広げていきました。すると、感謝だの心のあり方、あるいは意識などの言葉によく出会うようになり、さらには神や祈りや先祖供養などの言葉さえも目に付くようになりました。そうして行き着いた先が心霊書です。

先祖霊が供養してほしいと息子さんを病気にさせている、怒りに任せた生活のなかで浮遊霊が彼に取り憑いて異常な言動をする、といった内容を記した本は、最近減少しつつありますが、これまで大量に出版されていました。

このような心霊書を読んだ私は、「こんなことは本当なのだろうか。人間は死んだら終わりだろう。それなのに、死後も魂は消滅しないで死後の世界に移行するなどあり得るのだろうか。それに、神はいるのだろうか。神がいるのなら、私の苦しみを救ってくれるのだろうか」などと考えるようになりました。

そもそも霊感や霊視などの超常的能力（霊能力）が本物でなければ、霊能者の発言に信ぴょう性を認めることはできません。霊的な問題は科学的な見地から解明したいものだと、欧米の翻訳書を含む膨大な心霊書をさらに読み漁っていくなかで出会ったのがスピリチュアリズムです。これを心霊主義と訳す人もいますが、「主義」という言葉を使うのは適切ではなく、心霊思想とか心霊科学と理解するのが良いようです。

浅野和三郎氏や近藤千雄《かずお》氏などのスピリチュアリズムに徹した著書をいくつも読みふけることにより、私は確信しました。

『霊は実在する！　神もいる！　人間は肉体の機能が喪失し火葬されても生き続けている！人間の人生には、そして幸せには、霊や死後の世界が大いに関わっている！』

これらの事実は、私にとってその後の人生を変える目から鱗の大発見でした。ここで私は生き方を見直す決心をしました。心霊学徒の誕生です。人間は息を引き取ると、美しい花が咲き乱れる死後の世界に移行し（ただし在世の生き方による）、また、人間は生まれ変わって、再び地上に誕生する。そのとき、前世の悪行や善行が影響するといったことは、まさしく真実であることがわかりました。

それゆえ、私たちは死を恐れなくてもいいし、人生を幸せに過ごすためには、思いや行ないを正す生き方をすることが大切であることも、スピリチュアリズムの観点から理解できるようになりました。

2　心霊研究でひも解く正しい心のあり方

世の半数近い人は「心霊現象があるかもしれない」程度の理解のもとで、悪事に手を染めることなく過ごしています。しかし、「心霊は確かにある」と考えて生活するようでなければ、駄目だと考えます。なにせ相手は見えなくてもあなたのそばにいるかもしれず、隙あらばあなたに取り憑こうとしているのかもしれないからです。取り憑かれて病気になったり、悪事に手を染めたりする人は多いのです。

それにしても先進国で心霊世界を科学的な視点で研究するようになってから、1世紀半ほど経ち、膨大な心霊研究書が出されました。にもかかわらず、「心霊はある」と断言できる絶対的証拠がないではないかという指摘が根強くあるのも確かです。

かつては誰もが霊の存在を目撃できるような物理的心霊現象（物質化霊や物品引き寄せ現象など）が実験室で起きましたが、科学が発展するのと反比例して物理的心霊現象は減少してきました。霊能者の霊視などではなかなか絶対的証拠とまでは言えません。

なぜ心霊の絶対的証拠は存在しないのでしょうか。これには当然理由があるはずです。その理由を本書で世に問うてみたいのです。

10年以上にわたって世界中の膨大な心霊書にできる限り目を通してわかったことは、心霊世界を知ることは誤りのない人生を歩むうえで重要だということです。心霊世界を知ることによって、多くの人間にとって大きな恐怖である「死」と、大きな疑問である「死後の世界」及び「生きる意義と目的」の諸問題に対する納得できる答えを導き得るからです。それにとどまらず、高級な精霊によって伝えられる情報、いわゆる霊界通信は人間が地上でどのように生きるべきかを神的な観点から正しく教えてくれるからです。

心霊世界を知って確かだと思えるのであれば、〝心のあり方（どのような思いを抱くか）〟と〝幸せ〟と〝心霊世界〟とは関わりが大いにあると知ることができるはずです。これはとくに大事なことです。幸せに生きられれば天国に行けるみたいな単純なことではありませんし、心苦しい状態で人生の最期を迎えるかどうかだけでもありません。

事業や仕事が順調に行なえる、家庭生活が円満である、良い出会い（縁）に恵まれる、健康で過ごせるといったことも、病気になる、経済面で極貧な生活となる、交通事故に遭うといったことも、心霊と密接に関わり合いがあります。

なぜだかわかりますか。私たちの思いや意識はエネルギーであり、その情報が波動になってあの世にも瞬時に伝わってしまいます。しかも、その内容に応じて、あの世の人が私たちを助けてくれるかもしれませんし、逆に災厄を加えるかもしれません。生まれ変わることも考えれば、カルマ（業）の問題もあります。

私たちの多くは犯罪を行なわないにしても、低級な思いに根差した煩悩をもったまま人生を過ごしやすいものです。その煩悩そのものが、あるいは煩悩に基づいた行為が後々に人生に陰りや悲劇をもたらすことがあると数多くの心霊書が指摘しています。

たとえば、嫁をいびって楽しんでいたところ自殺してしまい、後日自分の生活や健康などさまざまなところで不運が続いて苦しんでいる（霊能者の話では嫁の霊の祟りが原因だという）といった話は少なくありません。また、酒好きの人が「ストレス解消だ」と怒りの心から酒量の増えた生活を過ごすうちに、生前アル中だった未浄化霊に憑依されてアルコール依存症になることがあります。それが元になって職業を失い、家庭を破壊し、健康を害して人生を破たんさせてしまうことだってあり得ます。

仏教でいう貪《とん》・瞋《じん》・痴《ち》という三毒は人間の苦しみの根源とされています。貪はむさぼる欲、瞋は怒り、痴は愚かしさのことです。これらの煩悩を持ったまま、しかもその点に何の疑問も持たないままで幸せを求める人生は危ういものでしかありません。

そうしますと、一寸先のこともわからないこの世にあって、心霊研究は正しい心のあり方を学んで煩悩の解消に努め、私たちの生活を真に豊かに幸福に生きるために必要ではないかと考えられます。

本書では国内外の信頼性の高い心霊の事例を厳選して取り上げ、確かな事実かどうかを読書の皆さんと一緒に検討しながら読み進めるようにしました。そして、それらの事例の背後にある人間や動物、また死んで霊界にいる人や幽霊や動物霊といった霊的存在が抱く思いや意識や行ないが、私たちに後々どのような影響をもたらすのか、可能な限り解明に努めました。

自画自賛ながらも私は断言します。この本はお金で買えない真の幸福と「あの世」や霊的存在といった心霊世界の関わりを学べる最適なものだと。

心霊学徒　頌桂

もくじ◎読むだけでスッキリわかる「あの世」とのつき合い方

1章　「幽霊は死者の魂の姿」ってほんとうか？

2章　日本特有の「動物霊が祟る」はほんとうか？

3章 「祟りが人生を左右する」はほんとうか?

6章　「幸せと心霊研究が関連する」ってほんとうか？

1章

「幽霊は死者の魂の姿」ってほんとうか？

——生前はオヤジギャグ連発だったが
幽霊になったらオヤジギャグを言わない⁉

1　幽霊の現れ方

古今東西、幽霊が出た、幽霊を見たという話は膨大です。問題はその話の真実性です。社会的に信用のおける立場にある人が、あえて実名を挙げた怪談実話の書籍は探せばいくらでも見つかります。たとえば、作家・遠藤周作氏などの著名人の幽霊体験談を集めた本として、『私は幽霊を見た』（東雅夫編、メディアファクトリー）があります。

不思議なことに幽霊を見やすい人と一生涯まったく見ない人とに分かれます。同じ場所、同じ時間帯にいる人たちが一緒に幽霊を見るのならわかりやすいのですが、幽霊が目の前に出ていても、見えない人にはまったく見えません。これこそ幽霊を認めるかどうかが争われる最大の問題でしょう。幽霊を見やすい人は、墓地や葬儀に行った後に体調を崩したりすることもよくあるようです。これを霊媒《れいばい》体質といいます。

幽霊の現れ方はさまざまです。生前の姿を暗がりで見るのが一般的です。しかし、それ以外にも、

・夢に現れる（通常の夢と異なり天然色であるとか、夢とは思えないくらいはっきりと見たと述べる事例は少なくありません）
・半透明で現れる
・死亡時の肉体の状態で現れる。たとえば血まみれの姿や首のない体などで現れる
・死体発見時の状態で現れる。たとえば腐乱して顔が崩れて髪の毛も半分以上抜け落ちた姿や骸骨として現れる（日本での目撃事例は、平野威馬雄《いまお》氏の著書『日本怪奇物語』（昭和59年、日本文芸社）でも取り上げられています）
・黒っぽい、あるいは白っぽいモヤッとした人影のような状態で現れる
・見えないが音、声、においなどで存在を感じる
・完全に物質化して現れる

などがあります。

現れるタイミングでもっとも多いのは、〝危機を告げる幽姿出現〟といわれるものです。危機状態にある人が今際《いまわ》のきわに、親しい人のところへ姿を現す、あるいは声として現れるのです。それは、場合により夢のなかだったり覚醒時だったりします。たとえば、遠く離

れた戦場で死にかかっている兵士の幽霊（まだ生きているので生霊）が、母親や妻のところへ現れたという事例は多くあります。

ただし、不思議なことに死亡の危機状況にある姿で幽霊が現れることはありません。たとえば、自動車に押しつぶされて体中の骨が無数に折れた痛々しい姿や多数の銃弾を受けて息絶え絶えの苦しそうな表情の子や夫の姿を遠く離れた母親や妻が見ることはありません。母や妻は通常の子とか夫の姿を見るのです。その場合、母親や妻が当日自宅に不在であっても、幽霊は彼女らをあちこち探し回らずに瞬時に姿を現して自分の死を伝えます。

野生の動物は原則として別でしょうが、家畜やペットも幽霊となります。動物も人間と同じく心や意識が存在するので霊魂を有するということでしょうか。たとえば『心霊研究』誌1950年5月号には、家畜の牛の幽霊が出現した事例が記されています。それによれば、南多摩郡の小さな牧場で夕暮れ時に執筆者のH氏は、こんな光景を目撃しています。

小屋の中にいる4頭の子牛が何におびえたのか突然ドタバタと柵の中を駆けずり廻りながら、向いの牛舎を眺めてはモーモーと泣いているというのです。H氏が向いの牛舎を見ますと、そこに30秒くらいの間赤牛が立っていました。その牛は前日、屠殺場の人が買っていった牛ですが、翌日も同じ時刻に現れたため子牛も騒ぎ出したということです。

また、作家・工藤美代子氏の著書『もしもノンフィクション作家がお化けに出会ったら』（2011年、メディアファクトリー）には、飼い犬が死んで1週間くらいした頃に姿を現し、尻尾を振って立っているのを見たと記されています。また、著者の盲目の弟が蒲団の上に犬がのるから重いと話すので確認すると、犬の姿は見えないが、弟はその存在を感じているようだったと記されています。

2　幽霊の特徴

幽霊には万国共通の特徴がいくつもあります。代表的なものを挙げてみます。

第一に、**余りしゃべらないこと**です。たいてい必要なことを言うだけで、生きていた時と比べて口数は極端に少ないのが特徴です。長々と説教する人間が幽霊として出現しても、生前と同様に長々と説教する事例は見かけません。ダジャレを連発することもありません。

第二に、**死者数に比べて出現する幽霊の数は圧倒的に少ないこと**です。たとえば自分の住む地区、あるいは大病院で数十年間に亡くなった人の数を考えただけでもかなりの数になるはずです。しかし、毎夜、何百、何千体の幽霊が街や病院内に現れるので、とくに霊媒体質の人が困っているという実例は見当たりません。仮に複数の幽霊が現れるにしても、幽霊同士が出る場所を巡っていさかいを起こすことはないし、また、互いに交流することもないようです。

第三に、**集団で出現する場合は、その集団が維持されることです**。戦時下で全滅した軍隊が夜間幽霊になって集団で行進する事例があります。軍隊の構成員が成仏していくため、あるいは自発的意思で離脱者が続出するため、集団の行進が侘《わび》しくなったという事例は見当たりません。

第四に、**出現する時間帯や、場所は夜間で、かつ、寂しい所と広く思われていますが、そうとは限りません**。

第五に、**幽霊が現れても、すぐに消えること**です。人間が幽霊の存在に気づくと、または幽霊のほうでメッセージを伝えるなど出現の目的を遂げると透明になって消えます。たいていは忽然《こつぜん》と消えます。24時間いつも姿が見えるので皆困っていますという実例は無いようです。

第六に、**過去の出来事が時間帯や時期も併せて土地や建物に記録され、まるでビデオの**

再生のように出現することです。たとえば、幽霊屋敷にいる幽霊が当時生活していた様子の一部が目撃されることや、夏季にあった昔の戦さの様子が、古戦場で毎年夏季になると見られることがあります。

第七に、**闇夜でも幽霊の存在に気づく**ことです。今の日本はどこも夜は外灯が灯《とも》りますが、昔なら外出に提灯《ちょうちん》などが必要だったでしょう。それほど暗かったにもかかわらず、〝幽霊の衣服の柄がどういう訳かよく見えました〟と語った体験談がいくつかあります。ちなみに、幽霊はプラズマで出来ているとか、微弱な発光体であるという意見もあります。

第八に、**超能力を有する**ことです。たとえば、壁を通り抜けることができます。また、実際のドアは閉まったままなのに、実際にドアが開閉したかのような音が聞こえます。さらに、見えない物質を瞬時に出現させるとか、霊視やテレパシーやテレポーテーション（瞬間移動）などの超能力（霊能力）を有することもあります。

第九に、**人物・風景写真を撮ると、いないはずの幽霊が写ることがある**ことです（心霊写真）。

第十に、**生きた人間の幽霊**（ドッペルゲンガー、生霊《いきりょう》）**が存在する**ことです。

第十一に、**一部の幽霊は、単に姿を見せるだけでなく、害悪をもたらすエネルギーを持**

っていたり（霊障）、取り憑いたり（憑依）することで、特定の人間に災厄《さいやく》や危害を与えることです。

第十二に、幽霊船のように物と幽霊とは関わりがあることです。

以上の他にも、ぼうっとした表情をしていることがよくある、脚など体の一部が透明なことがあるなどの特徴があります。

3 幽霊を棒で叩けるか

夕暮れの街角などで微動だにせずにたたずむ人を見て、この人はもしや幽霊かもしれないと思うことはないでしょうか。もちろん通常は人間のはずですが、その人の存在に大いに疑問を持って「これは幽霊に違いない」と思い至ったらどうしますか。その人に手で触れて幽霊かどうか確かめたいものですが、たいてい恐怖感で試みられるものではありません。

それを実際に試みたのが食生態学者の西丸震哉《にしまるしんや》氏（1923〜2012年）です。西丸氏の幽霊体験譚《ばなし》を紹介した布施泰和氏の著書『不思議な世界の歩き方』(2005年、成甲書房)から要約して次に引用します。なお、同一内容は西丸震哉氏の著書『山とお化けと自然界』(中公文庫)にもあります。

【1946年(昭和21年)に西丸は、宮城県・釜石の水産試験場に着任した。ある晩、いつものように家へ戻る途中、コンクリート堤の上に腰かけているうら若き女性がいた。こんなに夜遅く1人で何をやっているのだろうなどと思いながら、通り過ぎて後ろを振り返ると、何とそこにいたはずの女性がいなくなっていた。

それから4日目の晩にも、やはり同じ場所に女性が座っていた。夜間で寒いにもかかわらず、大きな牡丹の模様のついた浴衣だけのカッコウだ。そして、通り過ぎるとやはりいなくなった。「さては、これは幽霊にちがいない」と考えた西丸は、今度出会ったときは正体を確かめてやろうと、通り過ぎる前に声を掛けてみることにした。

果たして、次の晩も女性は堤の上にいた。西丸はおそるおそる女性に近寄って、「お晩です」と声を掛けた。しかし、女性は反応しない。まるで西丸のことが見えていないようだ。顔を近づけてもまったく反応しない。よく見ると非常にきれいな女性で、電灯の明かりのなか、顔のうぶ毛まではっきりと見える。ところが、指で彼女の肩を突いても、突き抜けてしまう。

これはいよいよ幽霊だと確信した西丸は、用意した棒で思い切りその女性をぶったたいた。棒は女性を素通りし、コンクリートに当たり「ガツン」と音が鳴った。（略）

その女性が、西丸の後をつけて家まで来るようになったのだ。最初は距離が離れていたが、やがて家の中に、そして西丸が寝ている枕元にまで来るようになった。追っ払おうとしても、その女性の幽霊はまったく動じない。

あるとき、西丸が寝ていると寒気を感じて目を覚ました。するとそこには件《くだん》の幽霊が西丸の顔をのぞきこんでいた。

釜石での体験から10年が過ぎたある日。女性霊能者と会う機会を得た西丸は、その霊能者に「あなたの後ろには牡丹の柄の浴衣を着た若い女性がいる」と言われた。その女性霊能者に事情を説明すると、彼女はちょっと相談してみましょうと言って、なにやら西丸の後ろに向かって「モシャモシャ」しゃべりはじめた。やがて西丸に笑顔を向け、「もう大丈夫。納得して帰っていったから、もう二度とあなたにかかわりあうこともないでしょう」と言う。】

右の幽霊は西丸氏に出会って家にまで来るようになったというのですから、意識はあるのでしょう。しかし、幽霊の意識は、とうてい生きた人間の意識とは異質のもののようです。また、単に特定の場に姿を現す幽霊を目撃するにとどまらず、西丸氏がその幽霊に関心をもって接近したため、その幽霊も西丸氏に関心を持ったばかりでなく、取り憑いてしまったというのです。

西丸氏の見た幽霊は浴衣《ゆかた》姿ということですから、夏ならそれでいいとしても冬なら寒がるのでしょうか、それとも冬用の装いに変わるのでしょうか、あるいは風の強い日は浴衣がはだけたりはしないのでしょうか、はだけて太股まで露わになって恥じらいを持つのでしょうか、雨の降る日は濡れて外にいるのでしょうか、それとも外出はしないのでしょうか。

そんな疑問も浮かんできますが、どうもそういう次元の存在ではないようです。

4 白っぽい姿の幽霊

幽霊がはっきりとした人の姿で出現するのではなく、白っぽい、あるいは黒い人影のように出現するという話もよく聞きます。そういう幽霊の目撃談として、直木賞作家の高橋克彦氏（1947年生まれ）の幽霊譚があります。高橋氏が若い頃に遭遇した弟の友人の幽霊について、『未来からのメッセージ』（1996年、高橋克彦、サンマーク文庫）の中で記されていますので、要約して次に引用します。


【僕と2歳違いの弟には、同級生のAという友だちがいた。

その夜、僕はいつものように受験勉強をしていた。夜もしんしんと更けてきたのでそろそろ寝ようと思ったが、部屋があまりに散らかっている。そこで留守を幸いに弟の部屋で寝ることにした。2時ごろだったと思う。いきなり部屋のドアが開いた。僕は壁に向かって寝ていたが、誰かが入ってきたのが気配でわかった。こんな時間に起こすのは母親しかいない。僕は猛烈に眠たかったので無視した。すると肩を乱暴に揺り動かすのである。

振り向くと、部屋が暗かったからはっきりとはしなかったが、何か白い柱のようなものがベッドの脇に立っている。

僕は母親が真白いエプロンを着けて立っているのだと思った。

「電話だったら、明日にしろって言ってよ」

投げやりにそう言うとうなずいて出て行ったから、僕は安心してすっかり寝入ってしまった。翌日、母親に電話の相手を確認すると、

「そんな時間に電話なんて来ないよ」というのだ。「だって、夜中に僕を起こしに来たじゃないか」

「いや、起こしになんか行かないよ、そんな時間に。どうせ起きるわけないでしょう」

僕がきょとんとしていると、お定まりのように電話が鳴った。受話器の向こうで弟は泣いていた。Aが死んだというのだ。

Aが死んだ時刻は2時ごろだと聞いて、僕はぞっとした。ひょっとすると昨夜、僕の肩を揺すったのはAだったのではないか？】

東京で大学生活を楽しんでいた高橋氏の元へ、弟が大学の医学部を受験するために上京し、氏のアパートへ少しの間泊まることになりました。驚くべきことに、久しぶりに見た弟の姿はまるで骸骨のように痩せていました。上京した日の夜に、次のことが起こったのでした。

【いつの間にか寝入ってしまった。すると夜中の2時ごろ、襖がぱーんと開いた。僕はびっくりして目を覚ました。弟がトイレに行ったのか……。しかし真っ暗で何も見えない。案の定、襖の開いたところから人が歩いてくる気配がする。そしてミシミシと畳を踏む音が止まると、僕の枕の上で止まった。怖々《おずおず》と頭上に目をやると、枕元に真っ白い柱のようなものが立っているではないか。顔があるのかないのかはっきりしないが、明らかに視線が感じられる。

「Aだ！　……Aの霊だ‼」

白い柱は横で寝ていた弟のほうへ行く。見ていると、半身を起こしていた弟の体めがけて、すうっと入って消えた。】

この文中の「弟の体めがけて、すうっと入って消えた」という記載は、霊に憑依《ひょうい》されたことを示すものです。霊に憑依されるとすっかり人格が変化する事例をよく見ますが、この事例では憑依された弟の意識が霊に取って変わってしまうわけでもありません。弟の姿を見た高橋氏は骸骨のように骨と皮のように痩せていて生きていられるのかと驚いたとありますので、弟の友人の幽霊は死神の如く少しずつ弟の命を取り上げて自分と同じ世界へ呼び寄せようとしているように思われます。

5　自分が死んだことを娘に知らせる

死ぬ前の危篤状態の人の霊の姿が遠く離れた人の前に出現することはよくありますが、死んですぐ幽霊として身内の前に姿を見せて、しかも生きているのと同様に話しかけるという事例もよくあります。

その事例を児童作家の松谷みよ子氏（1926〜2015年）は著書の中に収録していますす。次のものは『あの世からのことづて』（1984年、筑摩書房）に記された話のひとつです。

なお、松谷氏は日本中の一般庶民から霊的な話、不思議な話を集めて『現代民話考』（全12巻、立花書房、後にちくま文庫に収録）、『狐をめぐる世間話』（青弓社）なども著しています。民話といっても「実際にあったこと」を伝えているのですが、なにぶん、庶民からの聞き取りなので、ちょっと確証性が乏しい面もあります。

【東北各地の人々が集まる集会で、秋田在住の〝滝〟という青年が次のような話を語ってくれた。

昭和46年の早春、朝5時というのに車がきて、鹿角市花輪の母の実家の従兄弟が降り立った。祖母が息を引き取ったという。滝青年はあわてて2階の母の寝室に駆け上がり、「おふくろ、ばあちゃんが死んだてや」と言うと、母親はすでに身支度を整え、帯をひき結んでいるところであった。

「あわてるな。そんなことはとっくに分かっている。さっきガラス戸をドンドンたたく者があって目を覚ますと、ばあちゃんが枕元に立っていて、おれは今死んだ。あとのことはよろしく頼む、と自分で知らせてきた。だからお前たちを起こさないようにそっと台所へ行って、電気釜のスイッチを入れてきた。もう炊けたころだ、見てこい」

青年はあっけにとられて、言われるままに台所に行ってみると、確かに飯の炊けるうまそうなにおいが漂って、電気釜の蓋がパタパタと動いている。やがてパチンとスイッチが切れた。そこへ母親がふろしきを持って下りてくると、さっと釜ごとくるみ、

「こんなときは死んだ家の者は気が動転して飯の支度どころではない。それでは駆けつけてくれた人に申し訳ない。だから持っていくのだ」

と、独り言をいって車に飛び乗り、そのまま行ってしまったのである。】

このような事例、すなわち死後すぐに我が子に自分の死んだことを伝える事例は、人間の意識が死後にも消えずに存続する〝霊魂〟といわれるものを想定しうることを示しています。しかし、幽霊は原則として霊魂とはいえないのではないのでしょうか。やたらとこだわりの強い人だったのに、幽霊として現れると、「オレの葬式には、大っ嫌いな○○は呼ぶなよ、葬儀場は世間体もあるから、××葬儀場でやってくれよな。あと墓石は高級な黒の御影石《みかげいし》がいいゾ。それから遺産の分配の仕方だが……」などと延々と話すことはないからです。

6　目の前にいた人は実は幽霊！

幽霊は短時間出現したら、フッと消えてしまうものです。そこから、幽霊というのは見た人の眼の網膜に映った幻の姿であると思う人は多いはずです。

しかし、目の前にさっきまでいた人は幽霊だったと後になってから気づくという事例がいくつかあります。おそらく幽霊とは思われていない時だけは、幽霊はきっと肉体（肉体は死亡後消失していますから、正確にいえば生前の肉体と同一の物質体）を持っていて、触れることができる場合もあるに違いないと考えられます。実際、幽霊が生前の肉体と同一の物質体で現れた事例もあります。文豪・菊池寛《きくちかん》氏（1888〜1948年）は幽霊体験があり、それを評論家の小林秀雄氏が『文藝春秋』で書き記しています。

それによると、昭和14年に四国・今治市の旅館に菊池氏が泊ったところ、男の幽霊が、眠っていた菊池氏に馬乗りになって氏の首を絞めてきました。氏が両手で男の顎《あご》を下から押し上げた途端、男の口から血が流れ出すのが見えました。血のぬめりと一緒に、男の無精《ぶしょう》髭《ひげ》のチクチクする感触を掌《て》にはっきり感じたというのです。氏が「君は何時《いつ》から出てるんだ？」と聞くと、幽霊は「3年前からだ」と答えました。この旅館は地元で知らぬ人のいない化物屋敷であったといいます（『新・あの世はあった　文豪たちは見た！　ふるえた！』2013年、三浦正雄、矢原秀人、ヒカルランド）。

前述の作家高橋克彦氏が自らの心霊体験の他、知人、近親者から集めた霊にまつわる話を綴《つづ》った著書『黄昏綺譚《たそがれきだん》』（角川文庫）があります。そこに、目の前で幽霊と会話したという話が記されていますので、引用しましょう。

【亡くなった私の叔父から聞いた話であるが、若い頃、叔父は友人の家に遊びにでかけた。その友人の家の前に辿り着いたら、友人の父親が門前に立ってだれかを待っていたと言う。白い浴衣に下駄を履いて、無精髭がうっすらと伸びていたそうだ。

友人の父親は叔父に気づいて笑った。叔父も挨拶した。そこでちょっと立ち話となった。「今年は暑かったね」とか「昨日の野球の結果は残念だった」とか、他愛のない話に興じた。友人の在宅を問うと父親は頷いて、皆が集まっているから入ればいいと促した。なんの不審も抱かずに玄関の戸を開けたら、友人が目を真っ赤にしてでてきた。父親が突然亡くなったと友人は告げた。

叔父は思わず門前を振り返った。そこに友人の父親の姿は見当たらなかった。もちろん、ぞっと寒気を覚えたらしいが、それは幽霊だったと分かったからである。あのとき友人の家に立ち寄らず、たまたま門前で友人の父親と立ち話をしただけなら、きっと幽霊とは思わずにいただろう、と叔父は言った。それほど生々しく、呼吸さえもしていたというのだ。】

同様の事例の体験をしていたのが酒井《さかい》政利《まさとし》氏です。酒井氏は郷ひろみさんや山口百恵さんをはじめ多くのアーティストを世に送り出した音楽プロデューサーとして有名です。

『私が出あった世にも不思議な出来事』（２００８年、聞き手：鳩山幸、池田明子、学習研究社）には、酒井氏が亡くなったはずのかつての上司にラスベガスで会ったことが記されていますので、その部分を要約して引用しましょう。

【酒井　ラスベガスに寄ったときのことです。昼間の2時か2時半ごろだったと思いますが、ひとりでゲームをしているとき、Ａさんに会ったのです。
池田　亡くなられたあとのお話ですよね？　幽霊ですか？
酒井　いえいえ、幽霊というのは、私は見たことがありません。そのときのＡさんも、幽霊という感じではなかったのです。
鳩山　お話をなさったのですか。
酒井　椅子に座って、ごく普通に話しました。そのときの会話を今でも覚えています。「Ａさん、しばらくでしたね。どうしていたのですか？」「もう一度ＣＢＳソニーに戻りたいんだ」「簡単ですよ」というような話を淡々としました。そのあと部屋に戻ってから、Ａさんはもう亡くなっていて、葬儀にも出席したことを改めて思いだしました。】

さらにまた、『婦人公論』２０１１年9月号に掲載された「誰にも言えないこの世の不思議体験」特集には、一般人、著名人の心霊体験談が掲載されています。その中に白昼の、しかも極めて身近なところで幽霊と談笑している場面が、47歳・パートの人によって、次のように記されています。

【昼休みの職場で、係長と70代くらいの白髪の男性が談笑していた。通りすがりに係長に声をかけられた私は返事をし、隣の男性に目礼をしたのではっきり記憶に残っている。

しかしその夜、係長から携帯に電話が。「あのとき、俺の隣に、確かに人がいたよな？」とうわずった声で聞かれる。「はい」と答えたが、係長の話を聞いて驚いた。その男性は退職された元上司で、去年亡くなっているのだとか。

係長は帰宅して妻に彼の話をし、その死を指摘されるまで、亡くなっているという事実をすっかり失念していたという。】

ふつう幽霊といえば、立体映像として見られる〝ホログラム〟幽霊と、白っぽいもしくは黒っぽいもや状の人の形に似た塊が暗闇に出現する〝人影〟幽霊の目撃事例がよく知られています。これらと先に取り上げたような〝人間そのもの〟幽霊との違いは何なのでしょうか。

おそらく幽霊の意識に違いがあるのではないかと思われます。意識といっても人間のものはっきりとした意識とはもちろん異なりますし、「考える」といっても、人間が大脳で考えることとはまったく異なります。

道端の石でも何かの品物でもミミズなどの下等な動物でも植物でも、あらゆるものに意識があるという意見が最近は極めて強くありますが、ぼうっと出ているだけの幽霊にも当然に意識や考えはあります。

幽霊の意識として、地上界に執着しているだけで自分の姿に無頓着《むとんちゃく》であるか、とりあえず地上の人間に自分の生前の姿を見せられればよいと考えるか、人間と目の前で会って旧交を温めたいと考えるかなどと異なることによって、幽霊の外観もそれに応じて異なると考えられます。たとえば、もや状の幽霊は自分の姿を考えずまったく無頓着のまま出現するのではないかと考えられます。

7　一緒に飲食した幽霊

〝人間そのもの〟幽霊が人間と一緒に食事をするという信じ難い事例があります。食事をするには少なくとも箸やスプーンを持つ必要があります。また、近くでその相手の姿が見えていることから、この幽霊は肉体のある人間とまったく同様の体を持っていると考えるしかありません。

戦前の心霊研究家・岡田建文《たけふみ》氏の著書『奇蹟の書』（昭和11年、八幡書店復刻）に、生きている人間と食事をしたつもりであったが、後で実は相手が幽霊であることがわかったという次の事例があります。旧かな使いなどを修正して引用します。

【先年『道』誌に、東京の川合春充氏の偽らざる責任付きの事実談として掲載された幽霊談である。明治43年8月5日の夕方、川合氏は大阪市の東区△△町なる藤田という弁護士（変名）の事務所を訪ねた。この弁護士は同学の親友であって互いに性格を熟知し合っている間柄である。すなわちその気質は至って率直で、頭脳は冷静で且つ唯物論者であるから、迷信めいた思想は少しも無い人物であった。

当日川合氏は玄関から事務室へ入り、そこで藤田氏としばし対話して、やがて帰ろうとすると、氏が「君！　変なことがあったよ。僕の所へ死んだ人間が訪ねて来たよ」と言ったので川合氏は、そんなことがあるものか夢でも見たのだろうと冷やかすと、藤田氏はすこぶる真面目な口調で、実は僕も夢じゃないかと思ったので、女中に、前中という男が来たことがあるかと言ってみた。すると、女中は「来たじゃありませんか、つい2、3日前、麦酒を飲んだり肉を食べたりしたじゃありませんか」と言ったので、実はその男は去年の7月31日に死んでいるという手紙が来たよと言うと、女中はぎょっとして、ではあの人は幽霊でしたかと震え上がって、是非とも暇をくれと言い出したくらいだ。それからは女中が恐がって、僕は夕方の散歩にも出ることができなくなったのには閉口している。

なにぶん2時間も話して麦酒まで飲んでいったのだもの、それにその男は、僕が放蕩した頃、その男が番頭になり、僕は若旦那に化けて遊んだくらいの仲であるから、人違いなんかするものか。これを見たまえ、日誌に詳しく書いてある、と言って日誌を取り出して来たから、読んで見ると『7月31日、午後2時、前中謙蔵君来訪、酒食を出し同4時帰る』と記してあるので、川合氏は「何だ昼間来たのか」と驚くと、そのとおりだ、昼来て君のその椅子に腰かけて煙草を吸いながら、自分でばかり話していたと言う。

ところが2日目に、前中の兄さんから手紙が来て、度々御尋ねに預かって早速御返事しなければならなかったのであるが、実は舎弟は去年の7月31日に死亡した。よい事でないから、つい御知らせするのが後れたが、本日は丁度1周忌に当たるので法要を営んだ（旨記されていた）。

多分彼の法事に、家族たちが、藤田という人が此方の死んだ事を知らずに度々手紙をくれるから、今日は知らすがよいという話でも出たのであろう。それを前中の霊魂が聞いて自分で来たのかも知れない。どうも妙なことがあるものだと言った。】

なお、幽霊と一緒に飲食した事例はこれ以外にも平野威馬雄氏の著書『お化けの本』（1974年、廣済堂文庫）にもあります。これらの事例では、幽霊の体内に入った食物が幽霊の姿とともにこの世から異次元に消えてしまっています。いったいそれはどこに消えたのでしょうか。おそらく、幽霊の口に入った食物の発する波動エネルギーの性質が変えられて霊界へと瞬時に運ばれたのだと考えられます。実は般若心経の「色即《しきそく》是《ぜ》空《くう》」もこのことを示していると思われます。「色」は五感で判断可能なものであり、「空」は波動エネルギー状態にあるものです。この世では感じない、見えないが異次元に存在するものと解釈することもできます。

しかも、地上界にもう一度会いたい人がいて、その人と間近に会うことを非常に強く想念した場合、死者の意識（霊魂）は2つに分離するだけでなく、そのひとつの想念の波動エネルギーが生前の姿の複製を作って物質化しやすいと考えることができます。ただし、この幽霊が有する意識は、知性的な思考能力に乏しく、ダジャレを交えてたくさん会話することは難しいでしょう。

また、ここに挙げた事例ではどれも、目の前の人（幽霊）が人間だと思い込んでいますが、別れる前の段階で「この人は死んだはず」と気づいたという次の事例もあります。

世界的精神科医E・キューブラー・ロス医師は、病院のエレベーターの中で知人と出会って話しかけられました。

その人は何カ月か前に死んだ人であると気づいたロス医師は、後で死者と会って会話したと言っても誰も信じてくれないだろうと思い、その証拠として、目の前の幽霊に紙と鉛筆を渡して手紙を書くように頼みました。ロス医師は書かせた手紙を額縁に入れて大事に保管しているということです（『「死ぬ瞬間」と臨死体験』１９９６年、読売新聞社）。

8 見えない霊と意思疎通

1848年3月、米国ニューヨーク州の小さな家の中で起きた「ハイズヴィル事件」は、欧米の一流の知識人、学識経験者が中心になって科学的な心霊研究を開始するきっかけになりました。家の中で鳴り響くラップ音が意識を持った見えない霊的存在によって発せられたものであることが判明したからです。霊に質問して霊の発するラップ音の回数で回答を引き出し、意思の疎通を図ったのです。この事件はたちまち全米さらには欧州にも伝わりました。

米国ではこの事件のために公的な調査委員会が発足しましたし、心霊に関心のある世界中の人にも幅広く知られました。日本でもこれと同様な心霊事件が起きていましたが、新聞・雑誌のゴシップ記事程度の扱いで終わったようです。これはまったく残念なことです。

その心霊事件は、大正時代の北海道夕張市にある市立夕張小学校で起きました。深夜、宿直室の入口をノックする音がして戸を開けると誰もいません。同じことがしばらく続き、町中の評判になりました。

そこで、大正9年2月17日の深夜、3人の教諭が宿直室で待ち構えていると、午前1時ごろノック音が起きました。以下は『日本の奇談』(昭和43年、鈴江淳也、大陸書房)から要約して引用します。

【1人が勇気をふるって、

「毎晩のようにここに来て、われわれを脅かす汝は、狐狸か亡霊か。狐狸の類なら3つ、亡霊なら5つ叩け」

叱りつけるように言った。すると不思議にも常より少し強くトントンと5つ。さては何者かの霊であったかと、ぞっとして、

「亡霊が夜ごとやってくるのは、何か恨みでもあるのか。それとも無縁のために僧侶の読経によって成仏しようとの望みか。恨みがあるなら4つ、拝んでもらいたければ7つ、戸を叩け」

と言うと、7つ叩いた。さらに問答が続いた。

「それなら男か女か。男なら2つ、女なら3つ叩け」これは2つ。

「それなら人数は何人か、その数だけ叩け」3つ。

「明後日、僧侶を招いて3人の霊を弔ってやるから今後くるな。わかったら15叩け」正確に15

叩いた。あとはしんとしてなんの音もない。

以上は『北海タイムス』に掲載されたもので、この後日談が同校、教諭牧ひつじ氏の投稿として『主婦之友』に掲載された。

「私は幽霊騒ぎがあって半年目に、夕張小学校へ赴任した。翌年2月18日、宿直当番に当り1人で泊った。2回目の巡視を終えて布団の中へ潜り込もうとすると、（宿直室の隣の）職員室の戸がガラガラと開いた。

今ごろ誰だろうと職員室へ来てみると、確かに開いた音のした戸が少しも開いていない。変だとスイッチをひねり電燈をつけて内部を調べてみたが、変わりはない。

宿直室に戻って、何気なくガラス窓の外を覗くと、雪に埋ったポプラの根元に鬼火が燃えていた。翌日、同僚に話すと、その日は不思議にも幽霊問答のあった夜から満1周年にあたっていた。」】

このケースでは、いくつか検討すべきことがあります。

①この霊はまるで「透明人間」のように姿を見せないだけでなく、言葉を発することができないのはなぜなのでしょうか。幽霊が姿を現す事例は多いですし、姿がなくても声を

発する事例もたくさんあります。

②3人の亡霊は、なぜその学校に出るのか。それぞれ自分の家に行って自分の供養を頼めばよいではないか。かつて、その近辺で事件があって惨殺された人たちがいるらしいのですが、その霊だとしても3人で行動を共にする必要はないはずです。

③死者の〝供養〟への執着が、かえって自ら成仏することを妨げているようです。「あの世」へ行くにはそれほど供養が必要なのでしょうか。

④職員室の戸がガラガラと開いた音を隣室で聞いて行ってみても少しも開いていなかったということですが、これをどう解釈したらいいでしょうか。後述します。

なお、このように叩音《こうおん》（ラップ音）が聞こえる心霊現象をポルターガイスト（騒がしい幽霊）といいます。叩音以外にも何処《どこ》からとなく石が大量に投げ込まれるとか、食器や家具が破壊されるとか、火がつくといった物理現象が起きたという事例もあります。

ポルターガイストは現場に霊媒体質の人間がいることによって発生するのが一般的です。前記の夕張小学校の事例は不明ですが、ハイズヴィル事件の場合、フォックス家の少女が体質的に霊と波長が合いやすいので、少女が家にいるときにラップ音が起きたと解されています。日本のポルターガイストは極めて少なく、この種の事例があったとしても動物霊のいたずらが考えられます。

なお、作家の佐藤愛子氏は北海道の別荘で不気味なポルターガイストを体験しました。氏の著書『私の遺言』、『冥途のお客』によれば、見えない霊的存在によりさまざまな出来事が別荘で起きました。たとえば物が一時的に無くなる、寝不足になるほどのラップ音が起こる、電気製品が故障する、無人の部屋に電燈が灯《とも》る、納戸のダンボールの中の10本のペットボトルが台所の冷蔵庫の上にずらーっと並んでいる、まだ生まれて間もない赤ん坊が180度回転しているといった怪奇現象が起きて、佐藤氏は霊能者の助けを受けたといいます。

9　多くの人の前でも現れる

幽霊現象を否定する場合は、その根拠としてよく挙げられるのは体験者の見間違い、勘違い、錯覚などです。しかし、多くの人が幽霊を同時に見たとなると、見間違いとは言い切れないはずです。ただし、集団で「ほら、あそこにいるじゃないか！」と指さしても、そのなかの2、3人には見えない場合があります。

多くの人の前で幽霊が現れた事例として有名なのが、1972年にアメリカで起きた「401便の幽霊」です。この事例は、ジョージア州立大学哲学科のロバート・アルメダー教授の著書『死後の生命』（1992年、笠原敏雄訳、TBSブリタニカ）に記されています。

1972年12月28日深夜、イースタン航空401便がフロリダの沼沢地エヴァーグレイズに墜落し、乗客、乗員合わせて101名が死亡するという惨事が発生しました。2カ月後、その墜落機から回収された部品や備品を再利用していた318号機に、墜落機の機長と航空機関士の幽霊が出没し始めたのです。

機長の名前はボブ・ロフト、航空機関士はドン・リーボでした。この事件を調査したジョン・フラーによりますと、2人の幽霊を見たという証言は驚くべき数にのぼりました。

そのひとつが、ニューヨーク空港でマイアミへ向けて離陸する準備をしていた318号機で起こったものだったのです。

ファーストクラスのキャビンでは、チーフスチュワーデスがいつものように乗客数を数えていました。ところが、どうしても1人多くなってしまうのです。座席には、イースタン航空の制服を着たパイロットが座っていました。この便の出発地であるマイアミ空港までデッドヘッドする（往路の乗務を終え、乗客として基地のマイアミへ戻る）のだろうと思いましたが、乗客名簿には載っていませんでした。

これで乗客が1人多い理由はわかりました。しかし、そのパイロットに、名簿に載っていない旨を告げました。マイアミまでジャンプシート（折り畳み式補助席）を使うかどうか尋ねたところ、彼は正面を向いたまま返事をしませんでした。困ったスチュワーデスは、チーフパーサーを呼んで同じことを聞いてもらいましたが、やはり返答はありませんでした。

そのパイロットは、どこか呆然としているように見えましたが、それを除けばあらゆる点で正常に思われました。2人はそのありさまを見て困惑し、1人が操縦室に行き、ことの次第を機長に話しました。

この事件を報告する中でジョン・フラーは、ファーストクラスに搭乗している6名の正規の乗客が、黙して語らないパイロットのすぐそばの席に座っており、全員が興味深そうにことのなりゆきを見守っていたと述べています。

機長がスチュワーデスとパーサーを横に従え、パイロットに話しかけようと身を屈めたとき、機長は体をこわばらせ「なんてことだ、ボブ・ロフトだぞ」と言いました。一瞬のうちに機内が静まり返り、フラーの報告によれば、その瞬間、座席のパイロットは全員の目の前で姿を消してしまったといいます。

実は、ロフト機長の部下であった航空機関士のドン・リーボは、ロフト機長よりもはるかに頻繁に318号機で目撃されています。実際ロフト機長の出現はまもなく収まりましたが、ドン・リーボの亡霊は、墜落後少なくとも2年間現れ続けました。

そのひとつ、ニューヨーク発マイアミ行きの318便のファーストクラスに乗り合わせた女性客がドン・リーボを目撃した出来事を紹介しましょう。そのとき飛行機はまだエプロンに待機中で、ファーストクラスでは乗客数の確認も始まっていませんでした。

その女性客の隣には、航空機関士の制服を着たイースタン航空の乗務員が座っていました。その航空機関士の様子には、どこか気にかかるところがありました。顔色がぞっとするほど悪く、話しかけても返事をしません。大丈夫ですか、スチュワーデスを呼びましょうか、と聞いてみましたが、青い顔をした航空機関士からはやはり何の返答も得られませんでした。

呼ばれたスチュワーデスにも、具合が悪そうに見えました。何かお役に立てることはありませんか、とスチュワーデスが声をかけると、たくさんの人間の見ている前でその航空機関士は突然姿を消してしまったのです。その女性は、ほとんどヒステリー状態になりました。後で、その女性とスチュワーデスは、見せられた写真の中からドン・リーボの写真を選び出し、ファーストクラスの座席に座っていた人物にまちがいないと証言しました。

このように多くの人たちの前に幽霊が出現して突然消える現象は、これこそ幽霊が存在する証拠として説得力があります。しかも、多くの人が見たこの幽霊は幻の映像のようなものではなく、実際の体を有する〝人間そのもの〟だったのです。それは、死後の霊魂がもつ想念の力によって作り出されるものであると考えられます。

作家・長田幹彦氏の著書『霊界五十年』（昭和34年、大法輪閣）によれば、日本でも３人が同時に同じ幽霊を目撃した事例が記されています。

これによると、東洋哲学の研究者であるN氏は、死期の迫っていた浄源《じょうげん》という老僧と、本人の臨終《りんじゅう》前後から死後に起きる現象まで調査する約束をしていました。浄源和尚《おしょう》の死後のある日の夕方、N氏と浄源の面倒を最期までみていた老婆とN氏の知人の長田氏の３人が電車の中で座っていました。そのとき、３人一緒に浄源和尚の姿を見たのです。和尚が斜め向かいの席でぼんやりと座っていたので声をかけると、その老僧の幽霊ははっとしたように顔をあげ笑いもしないで3人へ会釈し、3人の顔をじっと見た後、消えてしまったといいます。

10 何度も死のうとする霊

地縛霊《じばくれい》として事故死した場所、日々働いていた場所などの執着した場所にとどまる霊、死にたがっている人や悩んでいる人に憑依したりする霊などは、自分がこの世で息を引き取り死んだことがわかっていません。それどころか、この世に生きていると思い込んでいることが非常に多いといいます。しかも死んで何十年も経過して、目にする環境も異なっているはずなのに死の自覚がないのです。

何度も自殺を繰り返す霊についての実見談が『死後の真相』（昭和51年、宮沢虎雄編著、日本心霊科学協会）に記されています。その部分を引用します。

【川上照彦氏（姫路市若葉町）は偶然に汽車にひかれた多くの人々の地縛霊に会い、その悲惨な有様を次のように語った。

私が川向いの村に行って、夜の12時頃、帰る途中のことでした。鉄橋に沿った橋を渡って帰ってくると、橋の向こうから10名ばかりの人影がやって来ます。その連中の恰好がどうも変です。遠方から汽車の音が聞こえてくると、足をブルブル震わせて、まさに線路に飛び込みそうな格好をしています。私はテッキリ、自殺者だと思って走り寄りました。

ところがなんと、それは人間ではなくて亡霊なんです。そのとき、私は妙にゾッとした気持ちになって、私自身も線路に飛び込みたくて仕方がないような衝動にかられました。これは精神感応ですね。あれでは霊的体質者がそこを通ったら、多分引き込まれてしまうでしょう。魔の踏切などといわれるのは、このような所だと思います。

私がやっと、それに堪えていると、亡霊たちは汽車が来ると線路に飛び込み、ギャッというような妙な声をあげました。そうすると手や足や胴体などの千切れたのが飛んで河の中に落ちるのでした。

それから、私は妙に気が落ち着いてきて、もっと見学したい気になって、次の汽車の来るまで待っていました。すると同じようにまた例の亡霊たちが出て来る。そして中から
「また死ねなかった……」

などと言う声が聞こえてくるのです。自分が死んでいるのを知らないのですね。私は面白くなったので、夜明け近くまで見ていたのですが、汽車が来る度毎に同じことを繰り返しているのですよ。このように何年も何十年も同じことを繰り返しているのですね。】

このようなことが多くの心霊書で非常によく出てきます。なぜ霊は何年も何十年も自分が死んだことに気づかないのでしょうか。常識的に考えればとうてい信じがたいことです。多くの欧米の心霊書を翻訳した心霊研究家・近藤千雄《かずお》氏（1935～2012年）は霊が肉体を失ってもそれに気づかない理由を著書『スピリチュアリズムと宇宙哲学』（1998年、現代書林）の中で次のように記しています。

物質を組成する原子の構造は、波動の状態にあります。我々地上の人間は物質に実体感があるように感じていますが、これは「錯覚」なのです。同様に、霊的感性に目覚めないまま死亡して自分はまだ死んでいないと思い込んでいる霊は、死後も物質の波動の世界から抜け切れないまま自分にはまだ肉体があると錯覚しているのです、と。

この見解を踏まえてさらに説明しますと、自分はまだ生きているという想念の波動エネルギーは、見えない空間に存在する素粒子を凝縮させて、この世の私たちには見えない肉体同様の物質体を作り出します。その物質体は姿を現したり消えたりを切り替えることができるものなのではないかと考えられます。もしもそうなら、これこそ色即是空、空即是色といえるでしょう。

だとすれば、たとえ自分が死んでも想念の波動はそのままであり、その波動エネルギーが作り出す肉体もあるので、死んでいることに気づかないのではないか、しかも、悲しみや苦しみの感情にとらわれるほど理性的に自分の死をとらえられなくなっているのではないかと考えられます。それにしても、引用文にあるように、霊が繰り返し死のうとしても自分が死んでいることをなぜ認識できないのかは不明です。

なお、地縛霊は単に姿を人に見せるだけでなく、時に憑霊《ひょうれい》を起こします（ただし、憑霊は地縛霊に限りません）。つまり、先の事例にもありますように、自殺した地縛霊が近くの人間を自殺へ引き込もうと障りを起こすだけでなく、人間に取り憑いて災厄《さいやく》（病気・怪我・自傷行為・異常行動・性格の激変・家運の衰退など）を起こすこともあります。

11 物質は幽霊になるか——本当にあった幽霊船の話

死者の霊が幽霊として我々の前に出現するとき、衣服を身につけることが多いでしょう。衣服は物ですから物が幽霊になるのかは大いなる疑問です。同じ物でも衣服よりはるかに大きい「幽霊船」について考えてみます。欧米でも日本でも、昔から幽霊船が現れたという話が存在します。

日本心霊科学協会所属の霊的能力者であった榎本幸七《えのもとこうしち》師（昭和6年、北海道江差生まれ）が、平成11年4月に同協会で講演した内容が会誌『心霊研究』（平成11年10月号）に掲載されています。それによると、榎本師も若い頃、実際に幽霊船を目撃したということです。次にその部分を要約して引用しましょう。

ちなみに私は日本心霊科学協会の精神統一研修会で榎本師の霊査（精神統一後に参加者1人ひとりに気を付けることなどを教えてくれること）を数年受けたことがあります。

【風が強い日、天気のいい日、月夜などのときには幽霊船は出ないわけです。だいたい梅雨時のような、霧雨が降って、周りが薄暗いような状況のときに出ます。

私が17、8歳の頃、兄貴や、本家のおじさん、仲間の漁師たちと船に乗って漁をしていました。やはり風がなく、霧雨が降っているような薄暗い晩でした。「何か鬱陶しい嫌な晩だな」とみんなで冗談を言い合っていました。なんの気なしに横のほうを見ると、何かボワーとした明かりが見え、それがしだいに近づいてきます。「あれは何だ」と言うと、本家の親父はじっと見て、「ああー、こりゃあだめだ」と言うのです。親父は、「おい、帰るぞ。今日はもうだめだ。帰るからみんなしたくをしてくれ」と言っています。

エンジンをかけるのに10分ぐらい時間が掛かります。そのうちにぐんぐん近づいてきました。見ると帆に明かりが映っているのです。ごもごもした人の話し声も聞こえてきます。何を話しているのかはわかりません。

そのうちにエンジンがかかってわれわれは帰ったのですが、いつまで経ってもそれがついてきます。こちらはエンジンをかけて、時速何十キロというスピードですから、普通の帆船ならついて来られるはずがありません。それがどこまでもついてくるのです。親父も青くなって、「これはだめだ。家まで持つかなあ」と言っています。

船魂の神、氏神に「この難をお救いください」とお願いをしたら、10分ぐらい経ったでしょうか、サーッと見えなくなりました。あとで本家の親父に「あのままだったらどうなったのか」と聞いたら、「おそらくエンジンが故障するか、舵が壊れるかして動けなくなり、どこに持って行かれるかわからない。今までそういうことで遭難した船がずいぶんある」ということでした。】

思うに、幽霊船は船乗りか漁師をしていた死霊《しりょう》の、船への想いが残る想念《そうねん》の力によって、何も無い空間からかつて地上にあった船がホログラフィックに（立体映像的に）地上界に再現されたものと考えられます。死者の想念が有する波動エネルギーが異次元の空間に船の複製を作成するとともに、それが地上界に船として物質化し、船員や漁師の幽霊と一心同体となった幽霊船として霊媒体質の人に目撃されたのでしょう。

その他にも馬に乗った幽霊の事例は少なくありません。この場合、馬も一緒に幽霊になって人の幽霊を乗せているわけではありません。量子論が心霊現象にも当てはまると仮定するなら（後述します）、生前馬に乗っていた過去の情報が複製としてあの世（異次元世界）にいつまでも存在し、それを幽霊の想念エネルギーによってあの世から引っぱり出して複製し地上に出現させていると考えられます。

同様に、全滅した軍隊の幽霊の場合は、1人または一部の幽霊の想念エネルギーにより、あの世で保存されている過去の情報によって軍隊の複製をあの世から出現させているのだと考えられます。だとするなら、幽霊は衣服も船も馬も人さえも想念で作り出すという信じ難い超能力を持っていることになります。このように仮定すれば物質が幽霊化する現象も納得できそうです。

12 「幽霊」の正体

幽霊は人間の魂が肉体を失っても存続する証拠であると判断する人がいます。しかし、それならなぜ幽霊は自分の遺体を必死に探している人の前に現れて、「私の死体はここにあります」とか、「私を殺した人はあの人です」と知らせたり、自分が隠した遺産のありかなどを遺族に語ったりしないのでしょうか。

ダジャレ好きだった人が幽霊として出現し、ダジャレを連発してみんなを笑わせたなどという事例もありません。病院のベンチにポツンと1人で座る幽霊はいても、2人、3人と現れて互いに「おたくの死因は何？　オレの担当医はAだったけど、Aの腕前をどう思う?」と語り合うのを目撃したという事例もないようです。死後も魂が残っていて、生前の姿で現れるのが幽霊だとすると、こんな疑問符もつきそうです。

もし幽霊が死者の魂でないとすれば、その正体は一体何なのでしょうか。もし幽霊にも意識があるとすれば、死者としてもつはずの意識と等しくないのはなぜなのでしょうか。これは最大の問題点です。

ある種の幽霊は死者(あの世にいる人)、あるいは生者が抱いた強い感情や想念、とくに死者の場合は死亡の際に地上界で執着した想念などの意識が地上に残り(残存思念といいます)、意識体、想念体として物質化するという信じ難い特質があるといわれています。

ちなみに、霊能力を有し、かつ、心霊研究家でもある桑原啓善《くわはらひろよし》氏(1921~2013年)は著書『デクノボー革命・下巻』(1992年、でくのぼう出版)で、想念体についてこう述べています。

【想念に応じて、そこに映像が出来るんです。つまり想念は幽的原子を集めて身にまとい、臨時の映像を作るのです。ですけど、たいてい一時的でそのまま消えます。

しかし、ジワーッと同じ事を考えていますとね、そこに永く残る想念体を作るんです。つま

り、想念体というのは生きた霊魂と同じような働きをするんです。】

幽霊の存在を肯定するとしたら、右の見解を踏まえて、次のように考えられます。人間の意識・思い（心あるいは魂と表現するもの）とあの世にいる人の意識・思い（霊魂）の二者がそれぞれジワーッと同じことを考えると、新たな霊的存在を別個に地上に生じさせる（人間の場合は生霊）。

それとともに、死者が死亡時にこの世に残した思いもまた新たな霊的存在となって地上で活動する。その新たな霊的存在は立体映像や、時には肉体同様の物質になって現れる。しかも、この霊的存在は人間の意識に極めて似た意識をも有することを認めざるを得ない。ただし、死ぬ直前にこの世に未練がない場合は、意識が分割・分離しないので幽霊とならない。

13 幽霊はこう考えられないか

死んだ人の姿を古今東西の世界中の人々が見るのはなぜでしょうか。もしも幽霊についてその仕組みをきちんと解明できるのなら、それ以外の心霊世界の不思議——動物霊、憑依、生まれ変わりなど——を解明することも可能になるはずです。

(イ)心と脳は別のもの

幽霊など存在しない、見たというのは錯覚であるといった見解(壁に左右に2つと、その下に1つの計3つの逆三角形型の黒い汚れでも人は時として「幽霊だぁ」と見間違える)も根強いです。しかし、欧米の心霊現象を扱った本には、幽霊出現のときに一緒にいた犬などのペットがうなったり、悲鳴のような鳴き声をあげたり、主人の足もとにうずくまって震えだしたりする事例が少なくありません。また、複数の人が同時に同じ幽霊を目撃する事例はいくつもあります。

そもそも心霊世界の存在を肯定できるか否かは、私たちの意識や魂が肉体から抜け出ること——息を引き取るにしても、危篤状態にあるにしても、寝ている間にしても——があり得るのかどうかの判断が前提となるでしょう。

「病室で昏睡状態の自分の姿を天井辺りから見下ろしていた」。そのように体外離脱の経験を語る事例が世に多々あります。このような「抜け出る魂」といわれるものは、体験者の幻覚なのでしょうか、それとも確かに肉体から抜け出たものなのでしょうか。

唯物論者は肉体の死と同時に意識を作り出す脳も死亡するので、その後に意識が存続することはないと否定します。また、意識は脳が作り出すものなので肉体から離れた意識の存在を否定します。そのため、失神した人が意識を取り戻した後に意識が肉体から離れていたと発言しても、それは幻覚で、魂が存在することを示しているわけではないと考えるでしょう。

しかし、実は体外離脱体験に関しては、実験室でもすでに実証されています。たとえば、超心理学者のチャールズ・タートは体外離脱能力の優れた人に、このような実験を行なっています。本人が絶対に見ることができないくらい離れた所にある1枚の紙に書かれた5桁の数字を正しく当てさせるというもので、見事に成功しています（『投影された宇宙』マイケル・タルボット、春秋社より）。

また、脳死判定を下された後に意識を回復した人が、その間――つまり脳の認知機能がまったく失われている間――の自分の周囲で起きた状況を正確に述べている事例もいくつもあります。これらの事例は、少なくとも心と脳が別のものであると考えなければ理解できないでしょう。

(ロ)幽霊の意識は魂の意識ではない

幽霊は死者の未練や執着などの残留思念による想念体か、さもなければ魂、霊魂が作り出す新たな霊的存在（これも想念体）です。そのように、幽霊が魂、霊魂ではないのであれば、幽霊の意識は魂の意識ではないことになります。ですから、幽霊が生きた人間のような表情豊かな感情や理性的な思考を示す事例を見ることは少ないようです。また、大切な母に自分が今危機的状況にあることとか死亡したことを知らせるなどの目的を達すれば、その幽霊は消えてしまうようです。

ただし、霊魂そのものではないかと思われる人間的意識を持って姿を現した幽霊の事例は確かにあります。しかし、いずれも人間の前にちょっとだけ姿を現すのが一般的です。

(ハ)霊魂の意識は分離増殖する

霊魂は魂魄《こんぱく》ともいい、儒教では、死ぬと魂魄は分離して魄は死後も地上に残るが、魂は他界へと赴くとされています。このことを事例に合わせて検証した資料はありませんが、次のようには理解できそうです。

肉体の死後、魂魄のままで他界へ移行する他に、魂魄から魄だけが分離し、魂は他界へ行くが魄は地上界に留まる。それが幽霊として姿を見せたり、ラップ音を出したり、霊障を起こしたりすることがある。しかも、魄は霊魂から分離した副次的なものであるため、魄の有する意識は地上の人間の意識と異なり、少なくとも理性や叡智を含まない。ですから、幽霊が理性を働かせてウイットに富んだ会話を楽しむことは困難なのでしょう。

そのように霊魂すなわち魂魄は魂と魄から構成され、それぞれに意識があるため、霊魂の意識は複数に分かれて活動するのだと考えられます。ちなみに、生霊については、この世で生きている人間がジワーッと恨みなどの思いを抱き続けたために人間の意識が想念体、いわばもう1人の自分を生み出すが、これは副次的な意識しか有しない霊的存在として恨む相手に取り憑いて霊障を起こすと考えられます。

神道では人間の魂には4つの魂と、それを生かしめている直日《なおひ》という一霊があるとされています。4つの魂のうちの和魂《にぎみたま》・荒魂《あらみたま》は地上に残り、やがて消滅すると解釈しているようなので、これらは魄と考えられます。

㈡幽霊の立体映像

触れることができる〝人間そのもの〟のような幽霊や、幽霊は見えないのに、こちらの体に実際に触ってくる幽霊の場合、その体を作っている霊的な物質とは何なのでしょうか。あるいは、幽霊が着ている服や幽霊船を作っている霊的物質とは何なのでしょうか。目の前のドアは閉まったままなのに、この世のドアと同じ開閉音が聞こえるのは、異次元に同一のドアがあって、その開閉音が聞こえるからと考えるしかないはずですが、その異次元のドアを作っている霊的な物質とは何なのでしょうか。

心霊研究家で医師でもある塩谷信男《しおやのぶお》氏（1902～2008年）は、次のように述べています。量子力学では、ミクロの物質は粒子であると同時に波動エネルギーであると結論づけているが、霊的物質の極限の素粒子ともいえる幽子は思いの力で出来ていると想定できる。そうすると、霊的な現象や強く願うと叶うという現象は、思いの力で幽子の密度が濃くなり形をもつようになって見える世界に現れるのではないか（『自在力』1998年、サンマーク出版）。

塩谷氏によれば、幽子は三次元世界と四次元世界（見えない世界、想念の世界、霊界）の境に存在しているといいます。そこでは霊素と呼ばれる四次元世界の要素が幽子と混じり合うことで、三次元世界と四次元世界の両方の性質をもつようになるといいます。

美輪明宏氏も同様に考えていて、著書『霊ナァンテコワクナイヨー』でこう述べています。魂は霊子《れいし》とも呼べる未発見の素子《そし》で出来ています、それはプラスとマイナスのエネルギーをもつものに分けられ、光に劣らない速さで動きますと。

神道家・山蔭基央《やまかげもとひさ》氏（1925〜2013年）も著書『一霊四魂』（霞ヶ関書房）で、霊魂の極微の状態を「霊子」と名付けて、一霊四魂は一霊という極微の原子核に相当する核内に四魂という電子が存在しているとみればよく、原子と同様に霊子もまた粒子であると同時に波動性をもつものであると記しています。

このような識者の意見に加えて、量子力学の量子論が展開するエネルギーの性質を踏まえて、近年は次のような見解が出ています。

人間の魂や死者の霊魂の有する意識は波動エネルギーであり、超高速で振動する霊的素粒子として真空に存在している。その素粒子は想念の強さによって凝縮すると可視化していき、幽体や物質化霊その他さまざまな霊的物体になる。たとえば、もう一度あいつに会って酒を飲み交わしたいという想念によって霊的微粒子が凝縮し、生きていたときとそっくりの人間に複製されて地上に出現するものと考えられます。

筆者は基本的にこのような考え方に賛同した上で、あの世にいる人（霊魂）が抱く思いのエネルギーが一時的に自分の複製をこの世に物質化させるのが〝人間そのものの姿をもつ幽霊〟であると考えています。

ただし、事故死した現場に現れてぼうっと佇んでいる幽霊（地縛霊）はこれと異なります。この幽霊は死亡時、地上への未練や執着のために霊魂から分離した魄が地上で立体映像化したものであると考えられます。

なお、コンノケンイチ氏の著書『死後の世界を突きとめた量子力学』（徳間書店）にはこんな記録があります。氏が勤めていた会社のドアは開くとき特徴のある音が出たそうです。ある日そのドアが開く音を、同僚を含めた4人が同時に聞いて見に行くと、ドアは開いていませんでした。ちょうどその時刻に、会社で親しかった人が亡くなっていたということです。

これは異次元の霊的世界にも会社が複製されていて、幽霊はその複製のドアを開けたと考えられます。ドアのノック音も同じで、透明人間が三次元のそのドアをノックしたのではなく、幽霊が異次元の複製ドアをノックしたのでしょう。幽霊を透明人間のような存在と考えてしまうから、適切に理解できなくなるのではないでしょうか。

ビデオの再生のように昔の姿のまま現れて当時の日常生活を行なう幽霊、いわば〝場所中心の幽霊〟の存在は古い館が残る欧州などで顕著です。この幽霊は、地縛霊と同一視することはできません。次のように説明できそうです。

何か地上で出来事があったとき、その出来事の情報が波動エネルギーとなって宇宙に放射されます。それだけでなく、その情報を含めて地上のあらゆる出来事はこの世とあの世とを超高速で往復する量子によって、あの世に複製の情報として保存されます。

たとえば、ある場所で生活していた人が死亡し、その情報があの世に複製されて保存されます。その情報が命日や死亡時刻、死亡時の天候などに刺激されて活性化すると、その死者の動く姿がビデオの再生のようにその場所に再現されると考えられます。〝場所中心の幽霊〟にも意識という要素は存在するように思われますが、声をかけても気づかれずに無視されるようですので、恨んで世に出る幽霊とは意識の質が大きく異なるように思われます。

集団行進する霊などの事例も、ここでいう〝場所中心の幽霊〟に当たるのではないかと考えられます。そう解すことが難しいときは、1人または複数の幽霊の思いが他の人の姿を創り出したのであろうと考えられます。

㈭量子論から見た幽霊の構成物質

量子力学《りょうしりきがく》（量子物理学ともいいます）というミクロの世界の現象を扱う物理学の分野のなかでさまざまな量子論が構築されています。この理論を応用すれば心霊現象の解明に繋がるのではないかと注目する人が国内外で最近とくに増えているようです。

この理論で注目すべきことは、目に見える宇宙（明在系といいます）である「この世」のほかに、目に見えない宇宙（暗在系といいます）である「あの世」の存在を肯定していることです。ただし、暗在系の内容から判断して便宜的に「あの世」という表現を使っていますが、これを霊界と認めている訳ではありません。

量子論でいわれる「宇宙」について、氷の結晶写真で有名な江本勝氏は著書『日本一使える波動の本』（2010年、VOICE）でこう述べています。「この場合の宇宙とは虚空の闇が広がる空間のことではなく、私たちが生きている多次元世界のことです、私たちが生活するこの地球は三次元ですが、宇宙には四次元、五次元という異なった次元が存在します」

幽霊の構成物質を考えるうえで、とくに押えるべき量子論のポイントは次の点です。量子とはエネルギーの最小単位のことです。物質の最小単位たる素粒子にはエネルギーが認められます。個々の素粒子は宇宙の中で波動になって広がっていますが、その波動を粒子として認識できるのは、人間が観察（意識）した瞬間です。ということは、量子の世界では自分の意識が現実を作りあげている、あるいは思いが現実化すると理解することもできるのです。

光も波動であると同時に光子《こうし》すなわち粒子として存在しています。小石、建造物、樹木、水、人間の体、そして光などが波動として存在しながら個（粒子）としても存在するのは人間がそのように認識しているからなのです。それだけでなく、量子は情報（意識・意思）を記録して運ぶ媒体という性質も持っています（参考『世にも奇妙な「偶然の一致」の秘密』斉藤啓一、学研パブリッシング）。

アインシュタインの相対性理論では、①エネルギーと物質は同じものである、②物質はエネルギー化することが認められています。これらに加えて現在は、③エネルギーも物質化することが認められています。この考えに従えば、物質ではない想念、意識、言葉、音

・音楽、電波、紙に書かれた文字・図形なども波動をもち、エネルギーとして存在するため、そのエネルギーも物質化すると考えられます。

ですから、人の想念や意識が持つエネルギーを強めていって飽和に達すると、結晶化するという現象が起こるのだと理解できます。また、強い願いのエネルギーに質量を与える素粒子（ヒッグス粒子といいます）が合わさると、その願いが物質化することもあると理解できます。

思いのエネルギー自体に重さがあるという研究結果もあります。精密に作られた製品の重さは使用されている部品の重さの総和であるはずですが、測定すると製品のほうが重くなります。それは製作者の思いのエネルギーが加わることで、その重さの分だけ製品が重くなっているというのです。

原子は原子核とその周りにある電子から構成されていますが、原子核と電子以外の空間は原子レベルでは巨大な真空の空間になっています。これが暗在系である宇宙（あの世）ではないかと考えられています。それゆえ、この世とあの世は同一空間に存在して表裏一体になっていて、私たちは「この世」で生きていながら暗在系（あの世）でも生きているのではないかといいます。

ここでいう暗在系（あの世）の宇宙空間には何も無いのではなく、情報を有した素粒子がたえず生成され、たえず解体されるという現象が繰り返されている、また、エネルギーが充満していて振動数の異なるマクロの素粒子が時空を超越した速さで動きまわっている、といいます。

ですから、この世の物質、精神、時間、空間、過去、未来などすべては渾然一体となって分離不可能の状態にある。一度何らかの関係を持った粒子同士は、たとえどれだけ離れていようとつながっている。換言しますと、相互に深く結びついていること（エンタングルメント。これは非局在性とも訳されている。絡み合いとかもつれ合いという意味もある）を意味しています。ですから、私たちの意識は地球の反対側にあるものともつながっているし、情報は瞬時に伝わるのだと考えられます。

これらの見解を踏まえると、心霊現象はこんなふうに理解できそうです。人間や動物の、死後も存続する意識・想念の波動エネルギーによって死後の世界はつくられている。また、そのエネルギーは自分の姿を地上に一時的に出現させたり、自分を殺した相手に取り憑いて祟《たた》りを起こしたり、霊媒を通じて遺した家族にあの世からメッセージを送ったりすることもできる。

ただし、右のように考えるにしても注意すべき点があります。幽霊が「色《しき》」となって姿を現しても、幽霊が見える人と見えない人とが存在します。それは、三次元世界のこの世に姿を現した幽霊は、じつは「あの世（異次元世界）」にいて、その姿を霊媒体質の人が霊視することによって見たのだと考えるのが妥当です。

心霊現象は、それが大抵は「この世」ではなく「あの世」で起きていて、あの世の人とこの世の人の霊能力が合わさることで認識されます。私たちがそのことに思い至らないから難解だと思ってしまうのではないでしょうか。筆者は次のように考えます。

たとえば、生前物覚えの悪かった老父が、死亡してすぐに、あるいは息を引き取る前に遠く離れた息子の前に姿を現した場合、老父霊の超能力で息子の家を瞬時に探したのではない。異次元世界の老父霊が息子を想うと、瞬時に複製の息子が目の前に現れる。その異次元世界の息子（複製の息子）は地上界の息子と繋がっていて、地上界の息子が逆に老父の姿を見る。

幽霊が夢枕に立つ場合も、夢見る脳の中に幽霊が出現したのではなく、夢を見ている間に私たちの魂が異次元世界へ入って幽霊と遭遇するものと考えられます。

先に、人間と一緒に飲食する幽霊の体内に入った食物は異次元に移行すると述べました。

これは、森田健氏が心霊手術の調査で心霊手術士に電波発信器を体内に入れてもらった事例と同様でしょう。フィリピンの心霊手術では、心霊手術士が手を患者の体内にずぼっと入れて腫瘍など肉の塊を取り出します。にもかかわらずまったく体重が変わらないことから、森田氏はそこに別の世界があるはずと仮定して、逆に体内に発信器を入れてもらうことにしました。すると、体重が変わらないだけでなく、本来体内に入れても消えるはずのない発信器の電波が消えてしまったとのことです（『「私は結果」原因の世界への旅』2005年、講談社＋α文庫）。

幽霊の一部が単に姿を見せるだけでなく、この世の人に霊障を起こすのは、波動の性質から納得できます。波動には、①同じような波動は引き合う（集まる）②異なる波動は反発し合う ③自分が出した波動は自分に返ってくる ④高い波動は低い波動をコントロールする、の4つの性質があるといわれます。幽霊の波動とこの世の人の波動が似ていると、①の性質により引き合うため幽霊が寄って来て障りが出ると考えられます。

㈥「あの世」のことがわかると「この世」で生きやすくなる

心霊世界すなわち「あの世」のしくみがわかると、「この世」で幸せに生きることができるようになります。
「あの世」のことを知れば知るほど、人生において心の波動を高めることがいかに大事であるかがわかってきます。私たちは地上界に生きていても心の波動的エネルギーが心霊世界に伝わりますし、肉体を持っていても霊的存在だからです。

幽霊の波動は低いので、心の波動が低いと幽霊から障りなどを受けやすくなります。反対に、心の波動を高めると、守護霊を含む波動の高い精霊や神々の加護を受けられるようになります。自分の生霊を飛ばして相手に悪影響を及ぼしてしまうこともあります。

ゆえに、私たちは心のあり方に最大限注意して人生を過ごす必要があります。たとえば、人間学の研究者・無能唱元《むのうしょうげん》氏（1939~2011年）は著書『得する人』（日本経営合理化協会出版局）で要約するとこう記しています。

【幸福感をもって生きるには、生気《しょうき》エネルギーが心身に充ちていることが必要です。しかし、このエネルギーは日常の欲望達成に偏った生活――これは幻想にすぎません――を続けていると消耗していきます。そこで瞑想によって幻想の世界から目覚める機会を作り、生気エネルギーのチャージを心掛けるべきです。】

スリランカ上座仏教長老・アルボムッレ・スマナサーラ氏も著書『執着しないこと』（2012年、中経出版）の冒頭で、同じようなことを述べています。

【人間はそもそも、ものすごいエネルギーを持っています。成長するにつれて、怒り（怨み、張り合い、嫉妬、物惜しみ、後悔などを含む）や欲によってエネルギーが漏電します。これらは執着により生じます。】

「あの世」のしくみがわかると、私たちは欲心にとらわれて生きるのではなく、**心を高め、心を育てていくなかで幸せになれる**と確信できるようになります。スピリチュアルについて学ぶことのいちばんのテーマもそこにあるのです。

2章

日本特有の「動物霊が祟る」はほんとうか？

――キツネが化けたり取り憑いたりなどは欧米では聞かないが……

1 欧米には見られない日本的動物霊

人間は死後も魂が生き続けています。肉体が無くなっても生前の性格や記憶を持って魂が異次元で存続します。動物の場合はどうでしょうか。

英国の霊能者・動物愛護家のハロルド・シャープ氏（1891〜1981年）の著書『ペットたちは死後も生きている』（日本教文社）の中で、人間と同じく動物も肉体が無くなった後、生前の性格や記憶を持って異次元で存続すると記しています。ちなみに、英国の交霊会では出席者に対して「死んだ犬が会いに来ています」と、霊能者が霊視することはよくあります。

ただ、欧米の動物霊に関する事情とは異なる面が日本にはあります。日本で「動物霊」というときは、〝憑《つ》きもの〟であったり、〝祟《たた》り〟であったりする場合が中心となります。

たとえば、動物霊に憑依されて、まるで動物のような異様な行動を起こすとか、重い病気（とくに精神的な病気）にかかるといったことが起こります。猫・蛇などを殺した直後に、殺した当人が病気や事故で命を落とし、周囲から「猫の祟りだ」と言われることもあります。実際、「キツネに化かされた」と語る人が昔はよくいました。

最近は、こうした動物にまつわる不思議な話は極めて減少してきましたが、昭和の初め頃までは日本全国に大量にありました。そのすべてが作り話や信憑《しんぴょう》性が無いとは言い切れないように思われます。しかも、霊視で狐狸などの動物霊が見えるという霊能者は今も少なくありません。狐狸などの動物の霊、狐狸の姿をした自然霊が日本には棲息《せいそく》していて、それが人間を化かすとか、人間に祟ることがあると考えられています。

2　狐・狸が人を化かす

科学が進歩した現代人からすると、狐や狸が人を化かすなんて、常識的に考えれば、そんなバカなことがあるわけないと、幽霊のこと以上にあり得ないことでしょう。でも実際はどうだったのでしょうか。戦後70年、経済の高度発展により日本の国土が大きく開発され、原野や山林の多くが消失し、河川は護岸工事が施され、ハイウェイ、ゴルフ場、スキー場などが建設されて野生の狐や狸は棲《す》みかを失い、生息数は激減しました。

狐狸が「人を化かす」という話は、山村に居住した猟師や山菜採りなどに従事していた人たちが、不思議な出来事に遭遇して、これを「狐（狸）に化かされたのだ」と思い込んで語ったことに起因していることが少なくないようです。しかし、これらの話のなかには勘違いなどとは到底思えないものもたくさんあります。人間に妖術《ようじゅつ》のようなものをかけて騙す動物（もしくは妖怪のような霊）が関わっていると思われる事例も確かにあるようです。

「人を化かす」とは、狐狸が妖術で人を騙すことです。化かし方は2種類あります。狐狸が妖術で自分の姿を変えて「化ける」ことと、もうひとつは、妖術で周囲の状況を変えて、人間の側からすれば「化かされる」ことです。つまり「化ける」とは、狐狸が美女などに姿を変えるほか、大きな僧侶（大入道）やのっぺらぼうなどの〝お化け〟、さらには、電信柱、馬、家、汽車などに姿を変えることです。「化かされる」とは、川なのに道だと思って歩かされる、いつもの帰り道が消えてしまう、溜《た》め池なのに風呂だと思って入らされたりすることです。単に溜め池を風呂に変えるというのでなく、人を騙して溜め池に入らせるのです。

次に、狐狸が人間を化かしたという事例をいくつか紹介します。

①動物園のベテラン飼育員が化かされた

『心霊研究』（1952年5月号）に、日本心霊科学協会の元理事・宮澤虎雄《みやざわとらお》氏（1886～1980年）が名古屋市立動物園長某氏の談話を記しています。それによれば、長年獣類に慣れた動物園の飼育員が昭和3年（1928年）4月に兵庫県美方郡の山奥で捕獲した白狸に化かされたというのです。なお、宮澤氏は動物の霊力について、狐、狸、蛇は100匹に1匹くらいの割合で霊力を持っていると述べています。

【日比野飼育員がある夜、園内の巡視に出たまま帰りません。国枝飼育員が不審に思って様子を見に行ったところ、日比野が白狸の檻の前でドシドシ地面を掻いて泥土を積み上げているのです。一体どうしたのだと聞くと「どうしたもクソもあるものか。こんな洪水にお前らは何をボンヤリしていたのだ。早く水を防げ」と言うのです。

辺りを見廻したところ何の異状もない。ふと白狸を見ると、檻の中に立ち上って、ランランと両眼を光らせている。はぁん、これは化かされたのだと直感した国枝君がドシンとばかり日比野君の肩を殴りつけたので漸く人心地に返らせることができた。（略）】

②偽汽車

松谷みよ子氏の『現代民話考Ⅲ』（1985年、立風書房）によりますと、明治5年（1872年）に新橋から鉄道が開通し、英国人が運転する汽車の鉄道網は全国に広がりました。しかし、明治12、3年頃より日本人が汽車を運転するようになってから、日本各地で「偽《にせ》汽車《きしゃ》」の譚《はなし》が頻繁に聞かれるようになったということです。

それは狐狸が汽車（機関車）に化ける譚です。たとえば、最終便が終わって線路上を歩いていると汽車が近づいてくる音が聞こえるし、汽車の姿も見えるので過ぎるのを待っていたところ、汽車の姿が消えて無くなったといいます。あるいは、運行する汽車の真正面から汽車が来るので、（当時は単線の線路）、あわててブレーキをかけるも汽車は無く、狐狸が轢かれて死んだといいます。『現代民話考Ⅲ』には48も偽汽車の譚が掲載されていて、次に紹介するのはそのひとつです。

【群馬県多野郡新町付近の国鉄高崎線。昭和25年頃の話。付近はさびしい所だったという。夜中に狸が汽車に化けて突進して来たので、運転手が汽車を止めて下車してみると何も見えない。そこで走りはじめると再び黒煙をもくもく上げて汽車が突進してくる。しかし、こんどは

そのまま止まらずに走った。翌日現場へ行ってみると狸がひかれていた。】

狐狸は小さい体にもかかわらず大きな汽車に化けるだけでなく、汽車の発するシュッポ、シュッポという走行音やヘッドライトさえも含めて化けるということです。しかも、単線のため走るはずのない汽車が真向かいから来るのを何人もの日本人機関士が目撃したということです。

③化けるというのは狐狸の容貌が変わることか

狐狸が美人に化けるという場合、狐狸の妖術で催眠術にかけられた人間は美人の幻覚を見てしまうのでしょうか、それとも狐狸が実際に自らの姿を美人に変えているのでしょうか。

おそらく狐狸は催眠術のような妖術を使うだけでなく、想念の力により自らの容姿を衣服も含めて変身することができるのではないでしょうか。

これは私の推測ですが、狐狸の抱いた強い意思――美人に化けて人間どもをぎゃふんと言わせてみようという意思のエネルギーが異次元の世界に素粒子を集めて衣服を着た美人の姿を作るのだと思われます。それによって地上界にホログラフィックな美人として出現するのでしょう。しかも狐狸の想念・意識を持って。

ただし、人を化かす狐狸は動物のきつね、たぬきなら皆その能力があるというのではなく、ある一定の要件が必要なのではないかと考えられます（主とした要件として、高年齢で狡知にたけたことにより強い霊力を持つようになる）。

しかし、そもそも狐狸が人間と同レベルの知力を有するなどあり得ないという疑問は当然検討すべきでしょう。このとき「動物の脳レベル（表面意識）」を判断の前提とするのは誤りです。人を化かすくらいの狐狸ならば、人間レベルの高度の意識を有すると考えることはできそうですが、この狐狸の意識と人間の意識を同等とすることはできないでしょう。霊能者が人の体に憑依した動物霊を取り除くとき、人の死霊のように説得する（これを浄霊といいます）ことは難しいといいます。動物霊の場合は理性的な知力が不足するため、説得して出て行ってもらうことは困難だからです。高級精霊の力を借りて半ば強引に人から動物霊を出させることが必要だといわれます（これを除霊といいます）。

狐狸が人間に〝変身〟して姿を変えた事例を2つ紹介します。

まず、日本全国を放浪して猟師などへ取材することの多い田中康弘氏は、『山怪　山人が語る不思議な話』（２０１５年、山と渓谷社）の中で、元猟師の87歳の岩手県人が祖母から聞いたという体験談を載せています。

産婆をしていた祖母がある日の昼間、山道を歩いていると、うずくまった若い見知らぬ女に出会いました。その女は「子どもが、子どもが生まれそうで、助けてけろぅ」と言いました。祖母がどうしたものかと思案していると、女は大きなあくびをしました。女の口の開け方が尋常ではなく、かつ、口の中に牙が並んでいるのを見て驚いた祖母は、「狐だ」と一目散に逃げたとのことです。

また、『心霊研究』（１９７８年11月号）に会員の中根真男氏が「野狐の通力」という題で記した話が出てきます。それは中根氏の暮していた村で起きた、狐が人に姿を変えたという騒動譚です。

【今から64年前（大正3年）、私が8歳になったばかりの幼年の頃です。生まれ故郷の田舎で真実に発生した事件でした。村に白山の森という社があって、そこに棲んでいたと思われる古い野狐が村の青年を化かして苦しめ、ひどい目にあわせたというので、村中が大騒ぎをしたことがありました。これは今でも私の記憶に残っており、決して出放題の話ではありません。あの

ときのことを思い出す度に、まざまざとそれらの姿が目の前に戻ってきたような思いが致します。】

その当時の村は120戸ほどあって、桜井源一という19歳の青年が住んでいました。源一は知能も良く、学級でも成績優秀でした。顔立ちや体格も人並みで健康であり、気心も優しく落ちついた青年でしたが、そんな源一が狐に化かされてしまったというのです。

実は、源一は夜遊びが好きで晩の食事が済むと毎晩といってもよいくらい村の何処かの家に入り込んでは遊んでいました。その日も夜12時近くまで遊んで、町から村へ入る辺りまで帰って来たとき、美しい娘が側に寄ってきて、1人だけでは寂しいから一緒に帰ってと言ってきました。

源一が娘の手を握ったり肩に手を掛けたりして盛んに誘いかけると、娘のほうもその気になり、男にもたれかかるようにして、流し目で男心を刺激するような素振りを繰り返しました。そのうち、白山の森の入口付近まで来ました。そこは小川があり、足場が悪い所でした。

【そんなところで源一が娘を抱きかかえようとしたその途端、娘は源一を強く跳ね返したので、源一は思わず小川へどぼんと落ちた。慌てて上がろうとすると、娘が両手で勢いよく突き倒した。それでまた源一は川へどぼんと落ちる。そのときに娘は川のふちでこちら向きにしゃがんで、「ヒヒヒヒヒ」と笑ったのである。源一が夢中になって川から這い出してくると、また突き落とされる。すると娘がまた「ヒヒヒヒヒヒ」と笑う。

源一が苦しみもがきながら何気なく娘を見て驚いた。あの美しかった娘は、口は大きく横に割れ、二つの目は金色に青ずんで光り、動物特有の夜眼をしており、顔は突き出して両耳がピンと立っていた。そのときに初めて獣とわかって、もうびっくりどころの騒ぎではない。「わああ」と叫んで川から無我夢中で這い出るや一目散に走り出した。やっとの思いで私の家の東隣の、桜井平助という源一の叔父に当たる人の家の裏口まで辿り着き、「お叔父い、お叔父い、助けて呉れえ、お叔父い、助けて呉れよう！」

と大声で呼ばわった。それはもう夜中の1時半頃であったが、近所中の人たちも皆起きてしまい、大騒ぎになった。私の家でも父が起きて外に出て行き、母も出たので私も母に従って出てみた。】

3　狐狸に本当に人を化かす能力はあるのか

狐が化けるという伝説は中国にもありますが、欧米ではそういう話はまったくありません。その点を捉えて、仏教哲学者・井上円了《えんりょう》博士（1858〜1919年）は、もし真に人間を化かし得るだけの魅力とか魔力とかいうものを持っているならば、どこの国民の間にも、これに化かされたという記録が残っていそうなものだと、この種の能力を否定しています。

博士の見解は、化かされ現象は、狐狸が人を化かすものと固く信じている人が、夜間、狐狸によく化かされるという噂のある寂しい場所に来たときに自己暗示（「専制予期の心」）を起こす精神作用であるというものです。「動物園に飼われている狐狸は見物人の前で化けてもよいはず」と、こうした現象を否定する人もいます。

化かす力は自然の中で棲息する狐狸に備わっているという岡田建文氏の見解から考えれば、動物園の狐狸にはその力が失われていることになります。岡田建文氏は『妖獣霊異誌』（2000年、今日の話題社　昭和2年に発行の『動物界霊異誌』を現代かなづかいに改めたもの）

の中で、明治時代中頃から動物にまつわる怪異体験が急速に少なくなりつつあると指摘しています。それは一般的に考えられるように、科学が普及し人々が「迷信」を信じなくなったからではなく、本当の理由は、妖獣たちの生物種としての潜勢力が落ち目になってきたからだ、というのがこの本に記された主張です。

【生物はその盛んな時代と否とでは、精力に大きな相違があると著者は力説する。繁殖力旺盛で種としての活力に満ちあふれていた時代の狐狸には、人を魅惑するパワーがあった。著者はこの力を「動物磁気」という言葉で表し、人を幻覚で誘ったり、人に憑依して意のままに操る一種の遠隔催眠能力の存在を想定する。

明治10年代までは全国におびただしい数の狐が棲息し、本書が刊行された昭和初期の同時代人でも想像できないほど跋扈《ばっこ》した。たとえば、明治17年の春、山陰地方が大雪にみまわれた際に、山をおりた狐が三次町近辺の各寺院の床下に避難し、それが多い寺では5、60匹にのぼり、総数は三次町近辺のみでも1000匹は下るまいと言われ、町民が狐を救護するために焚き出しまでする騒動になったことがあるという。

ところが、近代化とともに全国的に山林が伐採され、狩猟がさかんになるにつれて、狐狸は衰亡の一途をたどり、その結果、かれらの強烈な精神力も急速に失われ、かつてのように人を魅惑することも少なくなってしまった。

この理は普遍的なもので、人間や神仏にもあてはまる。平凡な人間でも、ふと他人から崇められると、偉大な精力を発揮したり、神仏も人間が頼ってこなくなると、とみに霊験力を萎縮させ、その結果は荒廃の社堂になる事例もあるではないか、と著者は力説する。】

右の岡田氏の考えを踏まえれば、かつての日本には、そこに棲む目に見えない自然霊の霊能力と野生動物たちの不思議な能力が共存していて、民話によく出てくるような化かされる出来事があったと考える余地はあるように思います。そこで、次のような仮説が考えられます。

人を化かす能力は、すべての狐狸などに一様に備わっているとはいえないでしょう。おそらく狐狸などに姿を変えた自然霊（なお、人霊も狐狸などに姿を変えることが有り得る）の霊力（ここでは妖術）によって起きることが多いのではないか。

ただ、非常に長生きして、狡知《こうち》にたけるようになった狐狸などの動物は稀に右の妖術を神通力として獲得することがあると考えられます。後述するように人間の加害行為に対して〝祟り〟を起こしたり、妖術で化かしたりするのです。日本にはそのような超能力を狐狸に醸成させる風土があったように思われます。

先に述べたように狐狸の抱く強い想念の力が異次元世界にホログラフィックな美人を作ったり、人間に催眠術をかけて、たとえば通い慣れた道を取り除いた田園を人間に見させたりと、妖術によって異次元世界に作り上げたものを地上に現出させるのではないかと考えられます。

なお、幽霊を見るのは幽霊自体が異次元世界に姿を現したのを霊媒体質者が見ているからだと先に述べたように、この場合も妖術で現れるものは異次元世界にあるため、霊媒体質でないと見えない人や体験しない人がいると考えられます。

これに対して、元高校教諭・角田義治《つのだよしはる》氏（1911年生まれ）は著書『怪し火・ばかされ探訪』（1982年、創樹社）で、よく知った道なのに迷ったり、同じところを歩いてしまうといったことは、〝習慣の乱れ〟によるのであって狐狸に化かされたのではないという見解を記しています。

角田氏はこう述べています。酒酔いや疲労、闇夜などで、通い慣れた道でも迷うのは、毎日利用する電車の駅を間違えるのと同じだというのです。しかも、明治大正時代には現代人には想像もできない「真の闇」が存在し、以前から狐が化かす話がその地域で知られていると、井上博士の云う「専制予期の心」が働いて化かされたと思い込んでしまうというのです。自宅の前も分からずに通り過ぎたり、道脇の肥溜《こえだ》めに入ったりしたことが、話の尾ひれもついて狐に化かされたということになったというのです。

たしかに、昔の人が慣れた道を迷ったとき、狐狸に化かされたと決めつけてしまうことが多かったにしても、酒酔いなどや自己暗示による催眠現象では説明がつかない事例は多数存在します。動物の狐狸あるいは狐狸霊が人間に霊力（妖術）をかけて騙したことを人間の勝手な思い込みだと一方的に否定することはできないでしょう。

4　私は狐狸に化かされたという記録

狐狸に化かされたという事例は、戦後（1945年以降）のものは極端に減少しました。たとえ〝実話〟と称していても、その多くは自分が体験したのではなく、祖父や父や知人が体験したことを聞いたという間接的なものが非常に多いのが実情です。先に狐狸が「化ける」という事例を取り上げましたが、ここでは自分はいつ、どこでどのように化かされたかを記した文書を紹介しましょう。

児童文学作家松谷みよ子氏の著書である『現代民話考』（全12巻）は、氏が日本全国を訪ねて不思議な話、霊的な話で実際にあったとされる話を収集して綴ったものです。そのなかで『現代民話考11　狸・むじな』から、語り手（話者）自身が直接体験した話が記されたものを引用しましょう。

【徳島県徳島市勝占町（旧勝浦郡勝占村）。昭和20年頃の10歳ぐらいのときだった。夜道を歩いていると、川で米をとぐ音が聞こえる。知らず知らずその音にひきこまれて、自分も米をといでいた。とぎ終って家に帰ってみると、体中泥だらけだった。次の日そこへ行ってみたら足跡があり、泥がこねくりかえっていた。自分だけでなく、兄弟、近所の人みんな一度は被害にあっている。地蔵橋付近はかつて、犬山といって阿波の狸合戦の主戦場、祠があって、そこが狸の集合場所だったという。】

この事例では話者が催眠術にかかったように異常な行動を取っていますが、先の動物園の飼育員の事例のように、狐狸に化かされる事例は多いのです。これらは狐狸あるいは狐狸霊の想念によって作られる異次元の世界に一時的に入り込んでしまうことによるのではないかと思われます。

狐狸の仕業かどうかは不明でも、山野で極めて異常な風景を突然見ることになったら、これは幻か、何かの妖術で作られたものかもしれないと落ち着くことです。たとえば、通い慣れた林道を歩いていて、突然大きな岩壁が目の前にあるのを不思議に思ったら、〝落ち着けばこの壁は消える〟と、目をつぶり自分に言い聞かせてから目を開けます。すると、前の岩壁が揺れて、段々と岩壁が青森トドマツへと姿を変え始めたという目撃譚があります。これは『山怪　山人が語る不思議な話』（2015年、田中康弘、山と渓谷社）に載っているもので、東北の漁師が体験した実話です。

5　動物にまつわる超常現象

哺乳類をはじめとして各種動物の肉体内にも、人間と同じく霊が存在しています。そのため、幽霊を認識する（霊視能力）とか災害を事前に予知する（予知能力）といった霊的能力を発揮したり、超常現象を起こしたりすることがあります。

『心霊の秘庫を開きて』（昭和31年、高梨純一、ライト書房）には、米国バージニア州リッチモンド市のフォンダ夫人の飼っているレディ・ワンダーという馬のことが詳細に記されています。その一部を要約して引用しましょう。

【1952年春、「ポピュラー・メカニックス」誌の科学記者リチャード・F・デンペウオルフ氏は同誌のネタ探しに南米に赴いた帰途、常夏の国フロリダに同誌総編集長トレリック・グラント氏を訪ねました。その席上、グラント氏は「自分の友達が北から当地へ来る途中で、1匹の馬と話をしたそうだが、ひとつその馬のことを調べて書いてみないか」と提案しました。唖然としたデンペウオルフ氏はすぐ立ち上って、グラント氏の額に手をあててみたということです。

別に異状もなさそうなので、一応グラント氏の話を聞き終わったあと、「そんなことはトリックだ」とにべもなく断言し、「もし誰かをその馬の所へやって、ポピュラー・メカニックス誌の東部編集者は誰かとたずねてDempewolffと正しく綴ったなら、その記事を書いてもよいが、そうでない限り、真平だ」と強く断りました。

ところが、それからひと月もたたないうちにニューヨークに戻っていたデンペウオルフ氏は、その馬が本当にそんなことをやってのけたと知らされたのです。すぐにフォンダ夫人の所へ行ってみると、フォンダ夫人の家の厩《うまや》につながれている27歳の牝馬レディ・ワンダーの鼻のすぐ下に、この馬が文字や数字を綴り出すのに用いる原始的なタイプライター風の仕掛が設けられているのを目撃しました。

デンペウオルフ氏がいくつかの簡単な算数問題を質問すると正しい答を得ることができました。そこで、いよいよ本格的な質問にとりかかり、まず「自分の上役は誰か」とたずねました。レディ・ワンダーは文字盤の上をあっちへ行きこっちへ行きしていましたが、やがて「G・R・A・N・T」と鮮やかに綴り出して見せました。

このセンセーショナルな出来事はたちまち全米の新聞のトップ頁を飾る特ダネとなって大々的に報道され、レディ・ワンダーは全米の注視の中に立つことになりました。】

なぜそういう能力を有するのでしょうか。あの世の低級霊が誕生するお腹の子に憑依して、再生（生まれ変わり）したように見える場合があるといいます。これを踏まえるなら、人間の霊が再生のとき出生前の動物に誤って憑依して人間のような能力を発揮したのがレディ・ワンダーであると考えることができないでしょうか。もっとも、馬のワンダーは人間の質問に対して助けてくれるのは、そばにいるその地に棲む馬の姿の霊だと答えていますが（『心霊研究』1957年9月号より）、馬の姿をしていても、人の霊ということは心霊の世界ではあり得るようです。

6 動物霊の祟り

無益な殺生を戒める文化の日本では、祟る動物としてガマ、猫、蛇、狐、狸などがよく知られています。欧米には動物霊が祟るという伝承は存在しないようですが、仮に欧米人が日本の地で日本の動物に対して殺傷行為をしたら、彼らに祟りは起きるのでしょうか。あるいは、東南アジアなどで蛇を食する地域があっても、そこの住人に祟りが起きないのだから、日本の動物霊の祟りもウソであると考えるのは間違いでしょうか。もっとも、現代の日本では霊力を有する狐狸などはほぼ絶滅していますが。

この問題は、日本独特の文化にあるという仮説を立てると答えが見えてきそうです。

第一に、狭い島国の日本は比較的閉鎖的であり、森羅万象に畏敬の念と殺生罪悪の観念を持つ民族です。しかも、一部の動物は神の使い（眷族《けんぞく》）となるだけでなく、神（狼など）として祀る地域もあります。西洋文明が入って来る前は、四つ足動物を食することもありませんでした。

日本人は長い間、一方的に動物を支配するような関係ではなく、動物と共存するような関係を築いてきました。使役していて死亡した馬のために建立《こんりゅう》した馬頭観音《ばとうかんのん》もあちこちにあります。そのような風土があるため、日本人による動物への加害行為は、動物の恨《うら》みや怒《いか》りなどの念波《ねんぱ》を受けやすいのだと考えられます。猫、狐狸、蛇など波動の強い動物からは、とくに強力に受けやすいようです。

第二に、日本の地において日本人と関わりを持つ動物霊は、動物の姿、とくに狐狸などの姿をした自然霊と思われます。それ以外にも、霊力を有していた狐狸などの死霊・生霊や狐狸などの姿をした人の死霊なのではないかと考えられます。

なお、これらの自然霊または人の死霊、狐狸などの霊は、それ以外の動物の霊が有する思いに背後で加勢することがあるようです。また、動物霊の祟りは、主として動物に姿を変えた自然霊の人間に対する怒りの念の作用で起こる、もしくは動物が抱く人間に対する怒りの念に自然霊・人の死霊が加勢することで起こるのではないかと考えられます。さらには自然霊の加勢が無い場合でも、狐狸や猫、蛇などは加害行為を行なった人間に対する怒り、恨みの感情によって祟りを引き起こすと考えられます。

右の「加勢する」に当たる事例が、稀代の霊能者・脇長生氏の講述を弟子の桑原啓善氏が書きまとめた著書『スピリチュアルな生き方原典』（でくのぼう出版）に記されています。それによれば、川魚問屋の娘の咽喉《いんこう》の病気はウナギやドジョウなどの小動物の集団的な憑依によるが、魚類の恨みの念を利用して川魚問屋に関わる因縁霊（たとえば、川魚問屋の主人に恨みを持つ人の霊）も背後で働いていたというのです。

自然霊はその土地独自の霊的存在であり、民族の移動のようにあちこちに移り棲むことはありません。しかも多くの日本の霊能者は、狐の姿をした自然霊は稲荷神社の大神に仕える眷属《けんぞく》として現在も日本中の稲荷神社の境内のみならず個人宅や社屋の敷地内にある祠に棲んでいて、人間の願いに奔走する霊的存在だと述べています。

日本人はそうした自然霊が発する波動エネルギーに同調しやすいため、日本では動物霊の祟りが多いと考えると理解しやすくなります。

ここで、動物霊の祟りと思われる事例を２つ紹介します。

・ヒキガエル・ガマガエル

前出の岡田建文氏の『妖獣霊異誌』には、100年以上も前のガマガエルの祟りについて記した事例があります。

明治28年（1895年）のこと、会津若松の上市町の書店龍田屋の主人が、夏のある夜に外出先から帰ると、納屋と倉庫の間の狭い路地の地面から、淡い一筋の光が立って、倉庫の白壁を照らしていました。怪光は地面の一点から発していたので、鍬を入れてみると1匹の大きなガマガエルが出てきました。怪光はその口から吐き出されていたのでした。

子どもの悪戯らしく、ガマの背中には五寸釘が串刺しされています。ちょうどこのとき、家では8、9歳の息子が高熱に悩まされて医者に罹っている最中でした。さては病因はこのガマの一念だろうと察した主人は直ちに釘を抜いてガマにわびを言い、負傷の局所へはガマの脂を塗ってやって庭内の安全地へと放ちました。すると、あの怪光は止み、また息子の病気も快癒したといいます。

・キツネ

潮武臣《うしおたけおみ》氏（1915〜1988年）は、永年広島県賀茂郡にある亀山神社の宮司をしていて、訪ねてきた人の相談には神占によって対応していました。そのなかで、昭和56年に相談を受けたのが狐の祟りについてでした。なお、潮氏自身は夜間に狐火を見かけて、それが狐の妖術であることを確かめたという体験をもっています。

潮氏に助けを求めた相談者は、２人とも足の不自由な50代の姉妹でした。その祖父は5年間病名不明で足を患い死亡していました。祖母は8年間の足のリューマチで寝たきりになり死亡していました。その子孫にも戦争で足を切断した者、足を骨折して歩行不能になった者、足を病み寝たきりの生活など、祖父母から曾孫《ひまご》まで直系の親族が１００年以上にも渉《わた》って悲惨な生活を送っていました。

神占によって判明したことは、罠にかかった古狐を祖父が気づかずその儘《まま》にして餓死させたため、その狐霊が怨霊《おんりょう》となって祟《たた》っているということでした。潮氏はこのことについて、『鎮守の杜の神々』の中で、

【世の多くの人が、この事実を如何に思われようとも、真に霊の実在を信じる人たちは、怨霊と化した畜霊の怨恨の恐ろしさを深く肝《きも》に銘《めい》じていただきたい。】

と記しています。

7　狐憑き・狐使い

①狐憑きとはどういうものか

狐霊が人間に取り憑く「狐憑き」現象が日本には存在します。この現象は日本では歴史が古く、『今昔《こんじゃく》物語』にも記されており、平安時代にはすでに存在していたようです。

狐の霊に取り憑かれるとどうなるのか。たとえば、食事のとき両手の甲を平にして指先だけ曲げるなどの狐のような気味悪い仕草《しぐさ》をします。また、油揚げが欲しいとか赤飯が食べたいと言い出し、その要求が叶えられないと暴れたりします（注人間の言語を普通に使用することができます）。顔の表情や動作だけでなく、動物っぽい体臭や口臭があるという話もあります。それ以外に原因不明の難病などが生じて衰弱していくこともあります。

今日、「狐憑き」の事例はあまり聞きませんが、仮に狐のような仕草をする人間が出現した場合、医師は精神疾患と診断すると思います。すでに江戸時代後期には、当時の医学者の意見として狐憑きは狐霊が憑いたのではなく精神の病いだと述べられていました。しかし、霊能者（高橋信次氏など）の解釈は逆であり、精神面で疾患のある者に狐霊（動物霊）

が憑いていると述べています。

なお、芥川賞作家・三浦清宏氏の著書『見えない世界と繋がる』(2014年、未來社)には、知人の女性が毎日早朝から2時間近く自分の意思に関わりなく自動書記をさせられる(つまりペンを持った手が勝手に動いて字を書かせられる)のに困って三浦氏に相談したという事例があります。三浦氏が霊能者(大西弘泰氏)の許へ彼女を連れて行くと、書かせる霊は人間の霊でなく狐霊であることがわかりました。ちなみに、通信内容は彼女が手をかざして具合の悪いところを治すレイキ療法を学んでいたためなのか、霊はその創始者を名乗って、レイキ療法を今後も続けるようすすめるだけでなく、すべてをレイキ療法に捧げて生きていきなさいというものでした。

②日本中の村落地帯にあった狐憑き民俗風土

実は人に取り憑く狐については、普通の狐の霊とは限らず、白狐などの狐に見える自然霊(妖怪)、そして「キツネ」と称されることもある小型の動物霊も該当します(なお、厳密にいいますと、人間の死霊が狐の姿をとることがあるといいます)。

この小型の動物霊を飼っている特定の家が〝憑きもの筋〟といわれています。家人が金を欲しいと思えば、〝憑きもの〟はその思いを読み取ってよそに行って金をくわえてきたりします。家人が他人と仲たがいをしたときは、相手にとり憑いて病気や災難を起こします。娘が嫁にいくときには75匹が付いて行ってその嫁ぎ先も〝憑きもの筋〟にするといいます。『日本の憑きもの』（1959年、1999年復刻、石塚尊俊《いしづかたかとし》、未來社）によると、日本中に小型の〝憑きもの〟動物霊が存在していたとのことです。動物霊というよりも実際に目にした人もいる動物あるいは妖怪としての認識のほうが強いように思われます。

〝憑きもの〟としての動物霊の呼び名は地方により異なり、「クダ狐」（主に中部・信越地方）、「ゴンボダネ（牛蒡種）」（主に飛騨地方、ただし、正体が不明で憑きもの筋の家系を問題視する）、「おさき狐」（主に北関東）、「イヅナ（飯綱）」（東北など）、「人狐《にんこ》」（出雲地方）、「トウビョウ」（山陰地方など）、「外道《げどう》」（島根・広島など）、「犬神」（主に四国）、「野狐《やこ》」（主に九州）などと呼ばれています。大きさ、形はいずれもネズミくらいの大きさで、小型のイタチのような容姿をもち、すばしっこいというのは、ほぼ共通しています。ただし、犬神については、ネズミくらいの大きさの犬のことだといわれています。また、『憑物耳袋』（2008年、倉光清六、河出書房新社）によると、備前・備後地方の一部の「トウビョウ」は、「キツネ」ではなく小さな蛇であり、「キツネ」同様に人の思いを読み取り、相手に憑依したりするとのことです。

この〝憑きもの〟についての俗信は西日本の四国・中国地方に多いという特徴があります。また、沖縄の〝憑きもの〟には小型の妖怪のような動物ではなく、「いちじゃま」という生《いき》霊《りょう》に関わるものであることが知られています。石塚氏の著書『日本の憑きもの』の中に〝憑きもの〟としての「キツネ」があたかも実在していたかのような記述があります。その一部を次に引用します。


【岩手県二戸郡地方では、イタコがこれ（イヅナ）を持って歩く。木で造った茶色の小さな筒を背負って歩き、そのなかに狐がいてものを言うのであると（山口弥一郎氏、二戸聞書）。

こういうイヅナ使いの巫女たちは、平素は炉のほとりの床下にこれを飼っており、火箸で炉ぶちを2、3度叩くと出て来る。そのため、巫女の家の炉の一隅には穴がしつらえてあるというが（旅と伝説11の5）、去る昭和22年の夏、東京教育大学の直江広治氏は、その穴を実際に見られた。所は宮城県桃生郡十五村で、ここの氏神石上神社の宮司千葉雪麿氏の宅にそれがある。

家のヨコザの下と中柱の下にイヅナの穴があり、それが祈祷殿の下に通じていて、そこにも穴があった。雪麿氏の父の代には、実際にイヅナがこの穴を出入りしていたという。】

憑きもの現象は日本に限らず、古代ギリシアや中世ヨーロッパにもありましたし、東南アジア、南アジア、アフリカ、アメリカ大陸などにもみられます。しかし、日本の憑きものの特徴は、それが個人対個人の現象というよりも家対家、世帯対世帯を単位としていることです。つまり、ある人の妬み、恨みを受けたとき、常に自分が憑かれるとは限らず、その家族員が憑かれ、病気になるなどの災いを受けることが多いと考えられていたとのことです。

憑く、憑かれるという現象の起こる人間関係は、村落的な社会を基盤にしています。そのため、たとえば「あの家は憑きもの持ちの家筋だ」と村落で言われると（憑きもの筋は富裕層に多い）、結婚などで差別される地方があります（参考『日本の憑きもの』昭和47年、吉田禎吾、中公新書）。文化人類学の吉田禎吾《ていご》教授（1923年生まれ）は、その著書でこう述べています。

【文化人類学的見地からは、憑きものは、個人ひとりの観念や心理の問題ではなく、人びとが多少とも社会的に共有している集団的な観念、表象であり、信仰です。このような社会的な信念が基盤となっているために、実際にそういう動物霊に憑かれて憑依症状を呈するという現象が起こるのです。

そういう社会的・文化的信念のない都市などでは、キツネ憑きもイヌガミ憑きも生まれません。キツネ憑きは、キツネが人に憑くという信仰を基盤とした、心因性の精神異常であるといってよい。】

8 実在する憑きものとしての狐霊

狐憑きをはじめとした〝憑きもの〟は迷信にすぎないと考えるのが主要な民俗学研究者、学者の立場ですし、社会的にも迷信として通用することでしょう。しかし、霊能者の意見では狐霊が人間に憑依していると指摘することが今も少なくないようです。

①クダ狐の憑依

作家・加門七海《かもんななみ》氏の著書『うわさの人物　神霊と生きる人々』（2007年、集英社）は、「心霊及び神仏の世界にかかわる方々へのインタビュー集」ですが、この書にクダ狐の話が記されています。また、『心霊研究』（1968年8月号）に掲載された「心霊講話」（『吉田綾霊談集・上』に収録）にクダ狐についての記述があります。そのなかで心霊科学協会の吉田寛理事長は、

【面白いことにときどき犬に食われるんで、肉体があるらしいです。クダ狐が人間に憑いたときにどうなるかと言いますとね、玉ころみたいにそこがふくらむんですね。それでそれを針でさしてあちこち移動するのを結局追い詰めまして、そこを開くと毛のかたまりが出ます。そうしますと、その屋敷の中のどこかで狐が死んでいるんだと、そう言われています。】

と話しています。

この吉田理事長の話に続いて、理事長の母で高名な霊能者でもある吉田綾氏（協会で長年多くの人たちの悩みの解決に尽力した人です）も、これを裏付ける弟の体験話を披露しています。

それによると、綾氏の弟が以前静岡の方に旅行したところ、泊った家にクダ狐が憑いて玉子大のコブが体に出来た人がいました。針で出ろ出ろと突っついても体内から出てこな

いので犬を連れてきて吠えさせたら、漸《ようや》くクダ狐が逃げました。しかし、その後向いの家から「クダ狐が家のおばあちゃんに憑いた、来てくれ」と叫ぶ声がしました。今度は自分に憑くとイヤだから逃げて帰って来ましたとのことです。

また、吉田綾氏は小豆島へ行ったときに犬神の持ち主の男に出会いました。その男の周囲に首に輪をしたモルモットくらいの大きさの犬㊟犬神は人に憑依する四国で有名な小型の動物霊）が20匹霊視で見えました。彼は綾氏の落したハンカチを持っていたので、うっかり近づくことができなかったと記しています。

その他、『日本民俗文化資料集成第七巻憑きもの』（１９９０年、谷川健一編、三一書房）の中にも石塚尊俊氏の編集で、地元の人による青森県八戸地方の憑きもの報告の文がありますす。

これによれば、K村の近くのQ部落で昭和21年3月1日、17歳になる男Aが「胸が痛い」と言い出してから、「神様が来た」「お姫さまが来た」などと夜通し喋り続けるため、間借りしていた女教師Bは眠ることができなくなりました。

あるときBの目の前をすすっと通るものがありました。これはネズミの小さいくらいのものでした。これが毎晩9時頃、Aのいる部屋からBの部屋の畳の上を横切って行くのを

Bは見ました。

この動物はこの地ではエヅナと呼ばれるもので、大きさは3、4寸、尾の先がふっくらとして体の毛は柔らかだが尾は箒のようで先が荒い。脚は木の枝のように互いちがいに胴からずれて出ており、指はちゃんと5本あります。足の爪は人の手のように美しく、耳も人の耳のようでした。また、猫がこれを捕えたのだが、エヅナを決して食べませんでした。Aの親戚が、Aの体から出て行かないと痛い目にあわせるぞとAを折檻《せっかん》したら狐が出て行ったとのことです（㊟実名、地名は省略します）。

②眷族をしていた狐霊の憑依

作家・佐藤愛子氏の著書『冥途のお客』（2004年、光文社）には、かつて眷族《けんぞく》であったのに野狐《やこ》になり下がった狐霊に憑依された友人の伯母さんの話が載っています。

彼女がある町に引っ越してから、夜通しかん高い声で小学唱歌を歌う声が聞こえるようになりました。当初は隣家で誰かが歌っていると思っていましたが、そのうち歌声は自分の耳の中で生じていることに気がついたというのです。ある日スーパーで10パイのイカを買ったところ、突然、耳の中の声が伯母さんの名を呼んで「S子さん、2人暮しで10パイも買ったりして、多いんじゃありませんか」と言うのが聞こえ、それから一方的に話しかけてくるようになりました。

あなたは誰かと訊《たず》ねると高山稲荷の狐だと言います。その後、日本心霊科学協会の元理事で審神者《さにわ》の大西弘泰氏と霊能者の榎本幸七師とが彼女に憑いた狐霊の浄霊を行なって彼女の体から狐霊を取除くことに成功しました。

そのとき、狐霊を迎えに来た牛（注異次元の霊的な牛で、しかも眷族の牛）によって伊勢にある稲荷神社へ連れて行かれたことが霊視でわかったといいます。

ちなみに、浄霊をはじめると、彼女の本来の人格と入れ替わった狐霊が語り出したといいます。それによれば、彼女が山道を歩いていると、荒れ果てて詣《もう》でる人もいないようなボロボロの稲荷の社を見つけ、気の毒になって立ち止って手を合わせたことが狐霊の憑依の原因であったようです。

自分の意識レベル、人格レベルが低いと低級な狐霊と波長が合って憑依することがあるので注意が必要です。

9 憑きもの（動物霊の憑依）はこう考えられないか

大きさがクダ狐、犬神のようにネズミくらいの小型で、人に憑依する動物霊をどう理解すべきでしょうか。今の時代、クダ狐だとか狐憑きといった話はほとんど聞かなくなりました。

しかし、昭和23～30年の調査によれば、山陰地方などでは、地域によっては数十パーセントも憑きもの筋が存在するという100世帯前後の集落がいくつもありました。このような地域では、住民が実際には小型の狐を目撃したことがなくても、憑きもの筋が使役する「キツネ」によって住民に加害行為を行なうとか不当な利得行為を行なうなどという話が広がりやすいので、迷信という側面はあるでしょう。

また、狐が人に取り憑くという言い伝えが記憶として残り、自己暗示によって信じてしまうという精神作用にすぎないと否定する考えもあります（参考『動物妖怪譚』日野巌、有明書房）。

しかし、こうした考えが、どれだけ民間の実見談や体験談をきちんと収集し、分析したものか、さらには霊能者の見解も考慮したものかは疑わしいと思われます。また、井上円了博士の見解に追従しているようにも思われます。

目撃事例の多さ——これを重要視したい——から、すばやく動くネズミくらいの大きさの動物（これを「キツネ」と称していますが）は実在したものと考えられます。しかも、岡田建文氏の著書『霊怪真話』（昭和11年、八幡書店復刻）には、この小型の妖狐の目撃事例が複数載せられていますが、それらは姿を消すことも可能な霊的な存在であり、自然霊としての妖怪と考えられています。この本に掲載された話をひとつ要約して紹介します。

【鉱山家Aの学生時代、数名の同窓生と東京から岩手に無銭旅行をしたときの話です。Aたちが社寺の殿堂で寝て、畑の作物を失敬しているのを白ひげの老人に見つかりました。その老人は不思議なことにAたちの行動を何でも知っていたのでした。

しかも、Aたちが老人の様子を見ていると、何やら独りごとを言いながらうどんを食べています。老人が何度となく「ああうるさい」と繰り返して、箸の先へうどんを引っ掛けて膳の横や向うへ投げつけると、見る見るそのうどんが畳の上で、片っぱしから消え失せるのです。

Aたちは非常に驚いて「手品師だなぁ」と言うと、老人は「俺は手品師じゃない、悪戯をすると罰を当ててやるぞ」と言って御幣（白色または金銀、五色の紙を幣串にはさんだもの。お祓いのときなどに用いる）を取り出して振りましたが、老人は今日は貴様らのほうが勢いが強いので駄目だと笑いました。

後で聴いたところによると、その老人は稲荷行者《いなりぎょうじゃ》であって、その使役する飯綱《いづな》（小型の妖狐）が欲しがるのでうどんを投げたが、飯綱はその実際の姿をみだりに他人に見せない魔物だとのことでした。】

思うに、右の稲荷行者の老人がAたちの行動を詳しく知っているのは小型の妖狐（いづな）がそれを目撃したのを老人に伝えたことによるものでしょう。今やこうした動物霊が姿を消してしまったのは、社会・文明の発展、自然環境の破壊などが原因であると私は考えていますが、それは日本にもかつて生きていたオオカミやカワウソが絶滅したことと関係しているにちがいありません。

さらに不思議なことがあります。死後に人間の霊魂が蛇や狐狸などに変貌《へんぼう》するというのです。信じ難いことですが、これはいくつもの日本のスピリチュアル系の本に記されています。

現世での生きざまが悪いと、死後、霊魂は暗黒界（地獄界）へ移行するといわれますが、そこでの姿は性格に応じて、たとえば執念深かった人の霊が蛇の姿に、人を騙したりズルく立ち回っていた人の霊が狐狸の姿に変貌するということです。そして、その霊が地上界に現れて、同じような性格の人に憑依するというのです。いったい何が原因で人間の霊が動物の姿に変わるのでしょうか。

いの一番に思い付くのは仏教の六道輪廻説《ろくどうりんね》です。これは人間が死後に解脱しない限り、畜生《ちくしょう》・阿修羅《あしゅら》・餓鬼《がき》・地獄などの6つの世界のいずれかに生まれ変わるという昔ながらの説です。日本人の潜在意識にこれが浸透していて、死後の世界で自ら自分の姿を動物（人間以外の動物を畜生といいます）に変えるとは信じ難いことですが、もしかしたら生前の素行《そこう》が悪かったために先人の霊が作った畜生界に入り込んでしまい、すでに霊界にいる閻魔《えんま》大王のような指導的な霊から、「おまえは地上で酷いことばかりしていたから、他の者と同様に蛇になれ！」と圧力をかけられて、蛇の姿になってしまうのかもしれません。

ちなみに、山村幸夫氏の著書『神からのギフト』（192頁）によれば、間違った自分の想念と重なる動物の姿に変化するとともに、あまりに苦しいので地上の人間に憑依してしまうということです。山村氏によれば動物霊の憑依のほとんどは人霊が動物の姿をとったものといいます。

クダ狐などの小型の動物霊の事例も、人間の死霊が動物の姿に変わる事例も共に現在はあまり知られることがありません。それは現在、精神世界や心霊研究に関する本の内容がフィーリングを重視して御利益《ごりやく》を優先したものに偏重する傾向があることも影響しているといえます。

3章

「祟りが人生を左右する」はほんとうか？

——祟られて苦しむ人間にも責任があるという

1 霊の影響で災難や悲劇に遭う

思春期の息子が急に異常な言動をとるようになった、急に家族が原因不明の病気にかかった、大きな災難に見舞われた、事業が急に不振になったなどと辛い出来事が次々に起こってくる。こんなことが続くと、何かに祟《たた》られているのではないかと考える人は今も少なくないはずです。

死後も苦しんでいる先祖霊を含む未浄化霊などが、私たちに気づかせる（私たちが行なったことが霊にとっては気分を害することであるとか、供養してほしいことがあると知らせる）ために、あるいはこの世にいたときの恨みを晴らすために、さらには死後も自らの欲望を満たすために、この世にいる私たちには不可解な現象、たとえば事業不振、火災、家族の突然の傷病などを起こすと考えるわけです。

霊障による災難や悲劇を憑霊《ひょうれい》現象といいますが、これには障り・祟りの場合と、憑依《ひょうい》の場合の2つがあります。障り・祟りは主に未浄化霊（これ以外に動物霊、自然霊もあり、場合により高級霊もある）の発する波動エネルギー（念波）が私たちに害悪をもたらすことをいいます。憑依は障りの段階を超えて、霊が人間の体内に入り込んでその人間の意識や行動に働きかけ、さまざまな害悪を加える段階に進んだ場合といえます。

憑霊によって生じる影響で、もっとも知られた影響は病気です。少なからざる病気の原因は憑霊現象によるものであると考えている霊能者は多いようです。とくに親族（身近な身内）の霊の影響で病気は生じることがよくあります。

たとえば祖父母や父母の兄弟姉妹が病気（酒乱などの性癖を含む）で亡くなり、残された家族に霊媒体質者や故人と性格が似ている人がいると、その憑霊によって同じ病気になるというのです。こんなときは取り憑いた霊を浄霊することによって病気を急速に回復・改善することができると述べている記録もあります（『霊相発秘抄』１９５５年、『病気とその療法』１９２８年、宇佐美景堂、霊響山房）。

憑霊によって病気、衰弱死、怪我、子どもの夭折《ようせつ》、災いなどが起きるだけでなく、暴飲暴食、異常色欲行為、自殺などが引き起こされます。さらには、憑依霊が〝悪霊〟となって憑いた人に犯罪を犯させます。知っている人が予期せぬ事件を起こすと、〝まさかあの人がこんなことをするなんて〟〝魔が差したのかもしれない〟と言ったりする。これらは一時的に悪霊が悪心を助長させて悪事を行なわせたと考えるからです。当然、自分の意思によると考えられている私たちの行為も、実は見えない憑霊の力が作用していると考えられることもあるのです。

重要なことですが、憑霊は誰にでも同じ確率で発生するわけではありません。憑依体質とか霊媒体質といって、憑依されやすい体質をもった人がいます。また、マイナス思考の人でいつもクヨクヨ悩み、怒りや憎しみなどの感情を持ちやすい人も霊に憑依されやすいとよく言われます。これは思考や想念の波動が低いと、低級な霊が引き寄せられるためです。

そうしますと――ここも大事な点ですが――憑霊によってふりかかる災厄の原因は低級な霊の側にあるのではなく、低い波動の想念を抱く人間の側にこそあることになります。

最近は医師でも霊の世界を積極的に認める人が増えてきました。医師の矢作直樹《やはぎなおき》氏（1956年生まれ）は、著書『人は死なない』（2011年、バジリコ）で、自殺未遂を起こして重傷を負い病院に入院した女性がなぜ自殺行為に及んだのかを紹介しています。彼女は自殺行為の少し前から「他人」が自分の中に入り込み、話しかけられるようになったと語っているのです。そして、まったく自分の意識によらない力によってマンションの8階から飛び降りたといいます。この事例は明確に霊の憑依によって人間が動かされていることを物語っています。

水子《みずこ》霊の祟りは本当にあるのかどうかの論争があります。

水子霊とは、中絶、流産、死産などによって亡くなった胎児の霊のことです。これに関する事例は欧米ではほぼ聞かれず、日本でも歴史が浅いのですが、そもそも霊に関することは個々人の想念や育った環境などが絡んでいます。とくに水子霊では貞操観念や中絶・流産後の供養なども絡んでいます。ですから、単純にあり得る、あり得ないと判断はできません。

ちなみに、最近は水子霊の祟りを否定する霊能者もいます。水子の霊はすでにあの世にトンボ返りをしているからだということです。それでも胎児を亡くしたことのある女性に霊的な障りがまったく無いとは言い切れません。まったく罪の意識を持たずに過ちを繰り返していると、霊界から学びを与えるため障りを生じさせる可能性があるからです。また、浮遊霊や地縛霊が赤ちゃんの幽霊を装って、水子霊の祟りを恐れる女性の心に付け込んで取り憑き、その女性を苦しめることもあり得るからです。

2　憑依と障りの分類

霊の憑依、障りのパターンは、その実態に基づいて大きく次のように分けることができます。なお、霊の憑依は1人に1体の霊というわけでなく、何十体、あるいは100体以上の霊が憑依することが少なくないです。

①要求を叶えてほしい、苦しみを救ってほしいと人間（とくに子孫）に憑依する、障る
②「憑依体質」の人間や波動が近い人間に憑依する、障る（浮遊《ふゆう》霊・浮浪《ふろう》霊）
③動物霊、自然霊、神が憑依する、障る
④魂が入れ替わる。たとえば、Aさん、Bさんが同時に死亡したが、Bさんは奇跡的に生き返ったとする。このときAさんの魂になっている。あるいは意識不明だった甲さんが意識を回復すると、まったく別の乙さんの魂を持っている
⑤霊の憑依した物を持っていたため障りが起きる
⑥霊的な物（神札など）を不敬に扱ったため障りが起きる。神社仏閣への不敬な行為のた

めに障りが起きる（神仏のおとがめ）
⑦生霊が憑依する、障る
⑧性的欲望を求める霊が憑依する、障る（色情霊）
⑨因縁のある霊（怨霊《おんりょう》など）が加害行為者やその子孫に憑依する、障る（因縁霊）
⑩土地、建物に留まっている霊が憑依する、障る（地縛霊《じばく》）
⑪宗教団体の宗教霊、神社仏閣にいる眷族《けんぞく》霊が憑依する、障る
⑫土地や井戸、池、沼の精霊が障る
⑬樹木の精霊が障る
⑭神が降臨《こうりん》する（生き神様）
⑮悪い家相で霊的な障りが起こる
⑯悪い方位への移転、旅行で霊的な障りが起こる

①のケースで障りを受けやすいのは、心のやさしい人、またはある程度霊のことを知っている人、神社や寺社あるいは霊能者のところへ出入りしている人などです。また、苦しむ先祖の霊が供養してほしいと子孫たる家族に霊障を起こすことが知られています。その具

体的な霊障としては、とくに思春期の子あるいは幼少の子が原因不明の病気になったり、登校拒否、家庭内暴力、異常行動などを起こしたりします。

②に関しては、自殺したいと思っている人に自殺者の霊が近寄り、波動と同調すると憑依が起きやすいと考えられます。とくに、自殺の名所は要注意です。自殺者の霊は自殺現場に留まっていて、自分はまだ生きていると思っています。そこに自殺願望のある人が訪れると憑依して、再度自殺を遂行しようとすることがあります。

もっとも、自殺者の霊のような未浄化の霊は思考に柔軟性がありません。そのため、自分の霊魂が他人の体に入ったことを幸いと、新しい人生を送ろうなどとは考えません。

ただし、こんな記録もあります。精神科医ラルフ・アリソン氏の著書『「私」が私でない人たち』（1997年、作品社）で、アリソン氏は「霊」というものを明確に認めてはいないながらも、女性患者の中に憑依している男性の「霊的存在」について次のように語っています。女性がある男性とベッドへ行くと彼女から抜け出て、その男性に憑依し性的欲望に浸ります。

また、霊の性癖《せいへき》と同様な性癖を有する人が憑依の標的《ひょうてき》になりやすいようです。たとえば、酒に酔うと人が変わってしまう人がいます。これは生前飲酒好きだった未浄化霊が地上界の酒場で同じく酒好きな人に憑依するからです。『死後の世界』〈ワード、浅野和三郎訳、潮文社〈大正14年発行の復刻〉〉は評価の高い霊界通信ですが、これに生前の地上での悪事ゆえに死霊として地獄の体験をした通信霊が登場します。この霊がロンドンの下級な酒場で酒を飲んでいる人に憑依して飲酒に耽《ふけ》る様を目撃したという話が記されています。そこのところを引用します。

【私は酒場に置いてあるビールの大コップを掴もうしたが、どうしてもコップが手で持てない。そこで「一体どうすればいいのだ」と霊界の親分に尋ねると、「他の奴等のやっているところを見ろ」と言われた。

それで初めて気を付けて辺りを見ると、他の連中はしきりに酒を飲んでいる男や女の体にからみついている。どうしてそれをやるのかは正確にはわからないが、とにかく何らかの方法で、彼らの肉体の中にねじ込んでいるらしいのである。

さらによく見ると、ベロベロに酔っ払った男の首玉にしがみついていた1人の霊魂が、このときたちまちスーッとその肉の中に吸い込まれるように消え去った。オヤッ！　と思う間もなく、右の酔いどれはよろよろと起《た》ち上って叫んだ。

「こらッ！　早くビールを持って来んか！　ビールだビールだ！」
よくよく見ると酔いどれの両眼は爛爛《らんらん》と光っていて、その目つきは本人のものではなく、確かにさっき入った霊魂のものであった。】

このような霊の憑依・障りには地上の人間の想念の波動が大きく影響すると述べましたが、確かに私たちの思いは自分だけのものではないのです。自分の思いは誰にも知られるはずがないと安心しているかもしれませんが、その思いは波動エネルギーとして、この世とあの世に電波のように伝わるのです。波動には同じものは引き合うという法則があるので、低級霊は低級な波動に寄っていきます。右の事例でいえば、酒に酔いたいと望む霊が酒に酔うことを楽しむ人間の波動に引き寄せられていきます。

ですから、不満や妬みや怒りなどの低級な想念を強く持つ人には低級な霊の憑依が起きやすいのです。

③に関しては、天狗などの自然霊の怒りにふれるようなことをして、次々と異変が起こるという事例が日本ではいくつもあります。

④に関する記録のひとつとして、新潟県新津市内（現在の新潟市秋葉区）の農家の娘に起

こった事件があります。これは、日本心霊科学協会の常任理事の吉田寛氏の講演録の中にもあるので、その概略を紹介します（『心霊研究』１９７１年8月号）。

農協に勤める17歳の娘が高熱の後にいったん脈が止まって死んだように見えた後、息を吹き返しました。すると、自分の名は「〇〇子だ」と言ってきかない。その家を訪れた僧侶から、「〇〇子なら私が知っている。やはり新津市にある家の子で、東京の大学に行っているときに死んだ」と聞いたので調査したところ、２人の死んだ時間はまったく同じ時間であった。

⑤については、憑霊は物に対しても起こります。宝石、人形、墓石、自動車など故人が生前、強く執着していたものに取り憑き、それと関わった人たちに災いをもたらすのです。

⑥については、なかなか眼が行き届かない神棚の神札の上に品物を置いたまま放置して障りが出た事例や、仏壇が古いからと壊した後に障りが生じた事例があります。

⑦の生霊とは、生きている人の憎しみ、恨み、怒りなど強い感情的な想念及び想念体のことです。生霊が死霊の場合と同様に、似た波動を有する人間に感応し、病気や不幸をもたらします。

⑧については、寝ている間などに霊との間で性行為が生じることもあるようです。

⑨は因縁霊による霊障ですが、ある心霊書に記された事例を紹介します。

その人の母方の伯父は、明治時代に美術品の貿易商として日本の仏像を海外へ売って繁《はん》昌《じょう》していました。ところが、その後、商売がうまくいかなくなって没落しただけでなく母方の兄弟姉妹とその子ども達が何人も亡くなり、自分の母も不幸な目に遭いました。霊能力者を通してわかったことは、仏像を失った住職らの怒りや仏像の御霊《みたま》（いわゆる仏様）のお叱り、とがめによるものだったということです。

この場合のように、仏像の売却処分は母方の叔父がやったことで、幼かったその人には直接関係しないのに、霊のとがめが親族にも及んで死亡などの災厄《さいやく》を被《こうむ》ることもあるのです。

⑩の地縛霊はしばしば幽霊として人に目撃されることがあります。霊が土地や建物に縛られるのは自らの死を知らないからとか土地・建物への執着があるからだけでなく、殺人、自殺、急死などの際に、死者の霊的素粒子（霊子）が死の現場の土地や建物に入り込んで定着するからだと考えられます。

しかも、その霊的素粒子の波動的エネルギーによって地縛霊の姿が出現することもあります。地縛霊は意識を有するため、その意識の波動と似た波動を有する人が現場に近づいて来ると引き寄せられて憑霊が生じるのです。

⑪の宗教霊とは宗教団体の運営主の心に沿って働く霊のことです。自分の宗教団体を盛んにしよう、金銭を集めようという思いが強すぎて、地上で狂信的だった人霊や狐などの動物霊が信者に災いをもたらすこともあるようです。その災いによって、繰り返しその宗教団体の世話にならざるを得なくさせることもあるのです。

また、狐霊などの眷族霊《けんぞく》（神の使いとして手足となって動く霊）は、神社仏閣に祈願に来た人間のために働いて願いを叶えさせたのに相応の礼物の提供や感謝がないと、人間に災いをもたらすこともあるといいます。

⑫に関しては、土地を汚したり、井戸や池、沼などを祈禱《きとう》（お祓い）もしないでそのまま埋めたりしたことで、後で霊障が起きることがあります。

⑬に関しては、大木や神木を祈禱もせずに伐採して、後で伐採に関わった人やその木材を使用した人に、樹木の精霊（木霊）の祟りとして難病、突然死などが起きることがあります。『現代民話考9　木霊・蛇』（松谷みよ子、立風書房）に木霊の祟りの事例が大量に紹介されています。そのひとつを挙げます。

【長崎県松浦市X町。昭和23年頃のこと。島の小学校の男子先生が突然に高熱を出し、どうしても下がりません。奥さんもずいぶん心配そうでした。調べてみますと、生徒たちと、神社のある山に薪を取りに行き、たくさん運搬したということです。断りもせず、勝手に神木を取ったことをお詫びして拝みますと、嘘のように熱が下がりました。（後略）】

このように、単なる昔の言い伝えではない身近な出来事の祟り譚が意外に多いのです。

⑭については、神おろしの儀式により、霊媒が一時的に神霊を降ろし、神がかった状態のもと、威厳のある口調で語る（主に相談事に答える）事例が知られています。また、北村サヨ氏は昭和2、30年代に体内に神が入った「踊る神様」となって、多くの信者が発生しました。

⑮⑯については、凶方であるにもかかわらず、それを無視してその地に家を建てたり、引っ越ししたりして災厄を被ったという事例が心霊書だけでなく、占い関係の書にも多数紹介されています。

ちなみに、方位の障りについて述べている3人の霊能者の証言を紹介します。

まず、宇佐美氏の著書『病気とその療法』に、

【私などは初めの間は否定論者の一人で、祈祷《きとう》(注)方位除《よ》けなどの祈祷)などは一種の精神慰安の法であると信じていた者でありますが、それがあまりにも功を奏するところより、研究して今日ようやく祈祷の霊的価値を信じ、方位のゆるがせにすべからざるを覚えるに到った者であります。】

とあります。また、方位の祟りを信じる、信じないにかかわらず、これを犯した者には必ず相当の制裁(不遇となり不帰の客となる)を受けるのは確かな法則であるとも述べています。氏によれば、これは方位に関わる霊団による制裁らしいので、方位除けの祈禱の際は、僧侶や神官任せにして我関せずとしないことです。

2人目の中川昌蔵氏の著書『不運より脱出する運命の法則』では、中川氏は家相や方位のことを40歳くらいまで信じていなくて、勉強するも納得ができず、実験するために住宅を建てて住んでみたといいます。すると予定通りの結果が出たというのです。氏は、

【家相、方位の影響は会社の繁栄と個人の運命に大きく関係があるようです。迷信と軽視することは危険と思います。】

と記しています。

3人目の美輪明宏氏の著書『霊ナァンテコワクナイヨー』(2004年、パルコ出版)にも、若い頃信じていなかったため、敢えて挑戦する意味で最悪の方角を選んだところ、いろんな悪いことが起きたと記されています。

3 多重人格

医学上では、多重人格性障害(解離性同一性障害《かいりせい》)とは、本来の基本的人格の他に、いくつもの別人格が何かのきっかけで表に現れる精神疾患《しっかん》です。この障害を発症する主な原因は、幼少期の強いストレスを基にした心的外傷(トラウマ)にあるということです。トラウマになるような非常につらい感情を体験したとき、無意識のうちに別人格(交代人格)をつくり出し、そのつらい感情を別人格に任せるというのがこの障害の特徴です。

しかも、患者本人は別人格に入れ替わっているという自覚がなく、また、別人格の数は、どの患者にも30人以上はいるのが普通で、ときには数百人という患者もいるとのことです。

患者は話し方や動作がまったく別人のようになるだけでなく、利き手が変わるとか、視力が良くなって眼鏡が要らなくなるとか、さらには習ったこともない外国語を話し始めるなどの事象が起こるといいます。しかし、これらの事象がすべて患者自らのつくり出した別人格のなせる業《わざ》だと言い切れるのでしょうか。

心霊研究の立場から多重人格を考えると、どのように説明できるでしょうか。

そもそも人間の魂が抜け出る現象を「体外離脱現象」といいますが、それは本来ひとつのはずの人間の意識が複数に分離することによると考えられます。そうして分離した意識の一部が体から抜け出るのが「体外離脱現象」ですが、もし分離しても体から抜け出さない場合は別人格を形成する可能性は否定できません。しかし、患者の利き手や視力、さらには使用言語まで変更が生じるとしたら、単純に患者の別人格であるとは言えないと考えられます。

多重人格を取り上げた注目すべき日本の事例として、精神科医小栗康平氏の著書『症例X　封印された記憶』（2014年、ジー・ビー）には次のようなことが記載されています。

小栗医師がうつ状態の20代の女性にトラウマ解消の治療行為を行なっていたところ、彼女が一瞬気を失ってしまいました。次の瞬間、パッと目を見開き、

「先生、この娘に近づくと危ないぜ！」

と、いつもの礼儀正しい女性とは明らかに異なる言葉を発したというのです。彼女は、以前から記憶が飛ぶことがありましたが、小栗医師が霊能者と協力して患者を診たところでは、確かに霊が憑依していたというのです。

このような患者は少なくないのですが、数多くの交代人格には憑依霊によるだけでなく、患者自身が作り上げた別人格の場合もあります。憑依霊の場合は浄霊で、別人格の場合は人格統合により症状が改善されるといいます。

多重人格が霊の憑依によって起きるとは限らないとしたら、その別人格はどのようにして作られるのでしょうか。元々私たちの中には複数の魂（意識）が存在していて、それが分離することもあるのかもしれません。このことについて少し考えてみたいと思います。

いわゆる人間の意識は単純にひとつではなく、メインの意識があり、それが複数の意識を統合した状態で成り立っていると考えられています。ところが、トラウマなどをきっかけに複数の意識を統合するメインの意識が後退すると、統合されていた複数の意識がばらばらになって外部に表れることがあります。これが多重人格ではないかと考えられます。このことを心霊世界から考えるとどうなるでしょうか。

生まれ変わりとは死後、いくつかの魂が霊界でひとつの類魂《るいこん》（グループソウル）として合体し、その類魂の中で地上生活を送る魂が再生されるのだといいます。それゆえ、生まれ変わって再生する私たちの魂は前世の私たちの魂そのものではなく、類魂に属するいくつもの魂が合わさって出来ているということになります。

このことは私たちの意識が実は複数の意識の合体によって作られているという認識と矛盾しません。見方が違うだけです。

もし多重人格が多数の霊の憑依によるものであるとしたら、それらの霊は乗り移った人間の中でどのように互いの調和を保つことができるでしょうか。たとえば、複数の憑依霊のうち、1人の霊だけが江戸時代の武士の意識をもち、話しぶりも江戸時代風なら、他の憑依霊とは調和できず、周りの人は武士の霊が憑依しているようだとすぐに認識してしまうはずです。しかし、そのような事例はまず見当たりません。

結局、たとえ霊が1人の人間に多数取り憑いても、その人間と他の憑依霊らがうまく調和してしまいます。たとえば、人間Pに憑依する霊Aは「Pってヤツは根がまじめだからストレス一杯にもかかわらず夜遊びしないんで、俺（A）が時々憑依霊Bを後ろに下げさせて盛り場で遊びまくるんだよ」と、憑依する人間の状況に合わせて、AとBは調和して働きかけます。ですから、せいぜい周囲の人には、時々幼児のように振る舞ったり、粗暴な振る舞いをしたり、無口になったりなど、コロコロと気分や性格の変わる異常性格者なのだろうとしか見えません。

とはいっても、霊に憑依された人が、まったくの別人になって人間と憑依霊との間に調和がなくなるとか、憑依霊が取り憑いた人間の事情を知らないという事例ももちろんあります。憑依霊が人間の使用する言語とはまったく別の言語、振る舞いを行なう事例もあります。

イアン・スティーブンソン博士らが1975年にインドで調査した事例は、「応答型真性異言（学習したことのない言語を話す、しかも一方的にではなくその言語で会話することのできる能力）」を伴った第2の人格が出現するというものです。この件について、スティーブンソン博士らは正常な状態の本人と数回インタビューし、第2人格の語る内容も徹底調査しています。

この文を載せた『死後の生存の科学』（1984年、笠原敏雄編・著、叢文社）によれば、1974年初頭、インドの32歳の女性Aは、著しい人格変化が起きるようになりました。シャラーダと自称する新たな人格は、Aの母語であるマラーティー語がまったく話せず、代わってベンガル語を流ちょうに話しました。A自身も周囲の人たちもまったくベンガル語がわからなかったため、通訳してもらう人が必要でした。その後、シャラーダはAとは別の地方の、しかも150年ほど前のベンガル地方の女性であることがわかりました。

シャラーダは少なくとも30回、Aの人格を乗っ取りました。それは短い時で1日、長い時では7週間も続きましたが、シャラーダも正常な状態のAも、互いに相手の存在がまったくわかっていなかったといいます。

4 先祖霊が障る その1

かつて民放の日本テレビで視聴者の霊体験を再現した「あなたの知らない世界」というドラマが定期的に放映されていました。その番組でコメンテーターをしていたのが放送作家の新倉《にいくら》イワオ氏(1924~2012年)でした。新倉氏は子どものときに父と人魂を見た体験があり、亡くなった父母の幽霊も見たのに、霊の実在を確信していませんでした。霊が実在するものであることを新倉氏が確信したのは次の出来事からです。

昭和43年、当時43歳だった新倉氏はラジオのプロデューサーから放送作家になり、連日テレビの放送台本を書く仕事に追われていました。その仕事を通じて知り合った女優の夫が書いた本の中に登場する霊能者に新倉氏の妻が興味を示しました。

新倉氏の妻は店を開きたいと思っていましたので、どのような職種がよいか、はたして成功するか、その霊能者に相談しました。しかし、霊能者は、商売のことより、はるかに重要な話があると次の様に言いました。

「実は、ご主人と血縁関係にある仏様が、何十年も前からご主人を呼んでおられます。それなのに、ご主人は気がついておられない。その仏様は無縁仏同然になっているのです」

霊能者は無縁仏の話のあいまに、彼が知るはずもない新倉氏の過去の経験を次々と指摘しました。そしてそれらはみごとに当たっていて、妻は驚きのあまり口もきけなかったのでした。

「このままだと、新倉家は取り返しのつかない事態になります。一刻も早く仏様を探し出し、供養する必要があります」

そう言いながら、霊能者は1枚の紙に地図とも絵ともつかないものを書いて妻に渡しました。

「仏様はここに眠っておられます。周りの景色から想像すると、東京の近郊だと思います。この丘の山ぎわで呼んでおいでです」

妻からこの話を聞いた新倉氏は気になって姉や兄、親戚と電話をかけました。しかし、どれも新倉家に無縁仏などあるわけないという答えでした。父母が神奈川県秦野市周辺の出身であることから、新倉氏は秦野市へ車を走らせて該当しそうな場所を探し、地図と酷似する場所にあたる某寺を見つけることができました。

その寺の住職が、この寺には新倉姓の仏様はひとつも無いが、せっかくのことだからと一緒に墓地を探してくれました。すると墓地の片隅の草むらから土に埋もれた墓石らしきものが見つかりました。その泥を落とし石に刻まれた文字を見ると、新倉氏の伯父の墓石であるとわかりました。その伯父は新倉家から他の家へ養子で出たあと、明治某年に入水自殺した人でした。

新倉氏の妻が霊能者のところへ伯父の戒名を持って訪問すると、「よかった、よかった。この方です。あなたと一緒に入ってきたのは、この方だったんです。とても喜んでいらっしゃいます。70年もの間、たった一人で眠っておられたんですね。それにしても水は冷たかったでしょう。よかったですね」と何回も紙片を温められた。新倉氏の妻がまだ利根川の入水自殺にふれる前に霊能者はそう語ったのでした（『あなたの知らない世界ジュニア版』１９８８年、『あなたの知らない世界』１９８０年、日本テレビより）。

もしも新倉夫人が霊能者に出会っておらず、新倉氏が無縁仏同然だった伯父の供養をされなければ、おそらく新倉氏の体に変調が起きたり、事業に悪影響が起きたりと霊障に苦しめられたことでしょう。

5　先祖霊が障る　その2

美輪氏の著書『霊ナァンテコワクナイヨー』（パルコ出版）に記された次の事例は、先立たれた父親による霊障が、この世に生きていたときの父親の性格に起因していることを示しています。霊は元々この世で生きていた人間の魂を有しているので、死んでも生きていたときと同じ性格、同じ思考性を持っているのでしょう。死後も個性が存続していると考えることもできます。

【「あなた（㊟美輪氏のスタッフの1人で、照明を行なっている人）、元気なさそうな顔してどうしたの？」と言うと、「この半年、頭痛がひどくて、首が動かないんです。首を横へやるのも辛くてハンパじゃないんです」と言います。

右の掌で耳の後ろから首筋をなでてあげながら心の中で「南無妙法蓮華経……」とお題目を唱えていると、中年から老年くらいの男性の声で、

「先生、聞いてください。こいつは長男のくせに墓参りにも来たことがないんです。線香一本上げに来ないんですよ。そんなことってありますか？　長男の役目をちゃんと果たせとこいつに言ってやってください」という声が聞こえました。

その声の主はとても気が短い方で、世間様が何を言うかとか、世間体が悪いとかいうことをとても気にされる方のようでした。首筋の手当てが終わってから、「あなた、長男ですって？」と言うと、そうだと言います。

「長男のくせに墓参りにも全然行ったことがないんですって？　あなたのお父さんがそう言っていたわよ」そう言うとビックリしていました。

「すごく頑固で、世間体とかそういうものを気にする人なのね」

「そうなんです」

「本当にあなた、お墓参りに行ったことがないの？」

「ええ、ありません」

そりゃあ頭だって痛くなる。お墓に参っていらっしゃいと言いました。墓参りに行って、それまで位牌に水も自分ではあげなかったのが、ちゃんとやるようになった。そうしたら、半年患っていたのにピタッと治ってしまったのです。】

日本の場合は、子孫が墓参りや法事などの先祖供養をきちんとしないことを他界でけしからんと思っている先祖霊は少なくないようです。先祖がこの世に生存していたとき、先祖供養をするのが当然と思う意識のまま他界へと旅立ち、その霊魂は他界でその意識を持ったまま生存しているのです。

それゆえ、この世に残っている自分の身内、子孫は先祖供養をしてくれるものと先祖霊は思っていますので、子孫に自分たちの供養を要求します。供養を忘れているときは、力づくでわからせようと障りを生じさせると考えられます。欧米など先祖供養の風土のない国ではこういう霊障は起きません。

6　生霊が憑依する

　肉体にある意識は死亡によって肉体から離れて死霊として存続します。ところが、時として死亡していない状態でも意識が肉体から離れて飛んでいくことがあります。これが生《いき》霊《りょう》です。肉体に存続する意識（魂）と肉体から離れた意識とが意思の疎《そ》通《つう》が無いまま分裂し、後者の意識の波動エネルギーが想念体を生み出し、生霊になります。人間が恨みなどの思いをジワーッと持ち続けていると、自分そっくりの姿をした霊的存在、もしくは姿を持たないまでも邪気の固まりとなった波動的エネルギー体が、思いを発生させた人間の元から独立して存在するようになるということです。ですから、生霊は肉体の意識にコントロールされることなく別個の意識活動を行ないます。日本の古典文学として有名な『源氏物語』にも生霊に関する記載があります。

　生霊になりやすい意識は、妬み、恨みなどの強い低級な感情や、強い望郷の念、恋慕の思いなどをもっています。そんな意識が肉体を離れて生霊になると、妬んだ相手や恨んだ相手のところへ飛んで行って障ったり、取り憑いたりして相手を苦しめます。ときには、ドッペルゲンガーとなって恋い焦がれた場所に自分の分身を出現させたりします。なかには、霊媒の口から生霊の声が出てきたという事例も実際に存在します。

芹沢雅子《せりざわまさこ》氏（明治44年生まれ）は、著書『生きている霊人たち』（1989年、弘文出版）に自分の多くの霊的体験を記しています。その中に、生霊の憑依を記した箇所がありますので、その部分を要約して引用しましょう。なお、霊の生死を知らないはずの霊能者が、憑依霊は死霊であるか生霊であるかをどうやって判断することができるのかは不明です。

【占術家、霊能者めぐりで散々無駄をした揚げ句、やっと本物にぶつかることになる。何しろ世が混乱しているときだけに、この種の偽物も雨後のタケノコのように巷に開店していたのである。この本物は小田原在住の有名な不動の占いといわれた老女。本名藤田みよ、当時70歳くらいであったかと思う。有名だから場所はすぐわかったが、その家は見るからに気の毒なほどのあばら家だった。私はもうその頃になると、本物は大きな建物に住んだり財宝を抱えていたりしないものと知っていたから、まずそれで安心した。

「ごめんください！」と声をかけると振り向きもしないで、「あんたが来ることは分かっていたよ、上がりなさい」と無愛想に言う。

かしこまって畳の上をにじり寄り、用件を口にしようとすると、「生年月日だけ言っておくれ！」と先を越された。

この人は私が今日来ることを知っていたくらいだから、困っている状況も何を欲しているかもすべてお見通しなのだろう。こちらから口を出すことはあるまいと私も黙っていると、「あんた、長い間体が重くはなかったかね？」と聞いて来る。

体が重い！　なるほど結婚以来十余年というもの、1日とて体の軽い日はなかった。「ハイ！その通りでした！」

老女はまだ何か考えている様子である。その様子に温かい人柄が感じられる。私は安心して次の言葉を待った。

「恐がらなければ教えるがね……」

この人は私の生年月日だけで何か重大なことを知ったらしいのだ。

「では言うがね、あんたの体に生霊がついているのだよ。あんたは一番はじめに結婚の申し込みをした男を蹴ってしまったろう？　その男の生霊がついているんだよ」

私があれこれ考え焦っていると、

「色の浅黒い大柄な男だよ。今、44、5歳になるか！　分らんかね？」

老女は古い半紙を机の上に広げ、軽い筆さばきで似顔絵を描きだした。間違いなくあの人だ！　どうしてこの人が！

「思い出したかね？　あんたがこれまで苦しみ続けてきたのはみんなこの人の執念のためだよ。あんたに男が近づけば必ず悪い結果になる。みんなこの人の怨念のためなんだよ」

「貴女はどうして彼の年齢、風采、容貌までこれほどはっきりわかるのですか？」

「何でもないよ、あんたの心臓の辺りに彼が1尺（注）1尺は約30・3センチ）ばかりの小ささでとりついているんだから」】

攻撃性を他人にぶつけられず、怨みの念、妬みの念などを心の内に秘めやすい人は、本人の知らないうちにその念が相手への〝呪《のろ》い〟という生霊になることがあります。呪いの生霊は負の力をもった波動エネルギーでもありますから、霊障として相手の精神や体に影響を及ぼします。たとえば、呪われた相手は体調の不調を感じたり、長期に及ぶ病気や怪我をしたりします。

このように生霊になって霊障を起こすのは、女性の場合が多いのが特徴です。日本では昔から〝丑《うし》の刻参《こくまい》り〟といって、女性が午前2時頃こっそりと相手への怨みの念を込めて、わら人形に5寸釘を打ち込むことが行なわれてきました。

このような女性の怨念《おんねん》の力は侮《あなど》れません。ちなみに、『心霊研究』（1964年1月号）に、ある男性が失明した裏事情が載っています。執筆者岩口某氏の知人に女道楽が過ぎた60歳の男がいます。妻が、せめて眼でも見えぬようになったら女道楽が止まるだろうと、夫の写真の眼のところを針でつついていたら、数年後に夫は緑内障で両眼を失明したというのです。

7 霊に憑依された物が障る

霊に憑依されている物を持っていると、さまざまな災難が起きるといいます。しかし、霊が物に憑依したとしても、その霊は霊魂そのものなのでしょうか。

実はその正体は、いくつもの意識を併せ持つ魂・霊魂から分離した想念体か波動体、さもなくば邪気のようなものではないかと考えられます。このようなものが物に付着するのでしょう。そうした物から出る波動エネルギーが人体に悪影響を与えると考えられます。

日本人には馴染《なじ》み深い「位牌《いはい》」も「御魂《みたま》を入れる」ことで、単なる物と異なる霊的存在となります。この場合、位牌に入る御魂とはいったい何なのでしょう。霊魂がそのままその中に入っているとは考えられません。ひとつの可能性としては、故人の意識の一部が位牌に入って、それが霊界との送受信器のような交信手段となるのではないかと考えられます。

ある神道家の書には、位牌に憑く霊は人間の一霊四魂のうちの和魂《にぎみたま》である、と記されています。それによれば、人間は死亡して火葬されると荒魂《あらみたま》が崩壊し、和魂も崩壊の過程をたどるが、しばらく時間がかかる場合があり、和魂の一部は、この世にとどまって現界と幽界の間の交信の拠り所になる、とのことです。

なお、物にも意識があるという見解が増えつつありますが、部分的に人間的な意識を物が持つ場合は憑霊が考えられます。たとえば、『心霊研究』（1981年11月号）に「人形に霊魂」という題で、文楽人形に魂が入っていると見られる事例が大西弘泰氏によって記されています。これによれば、人形が「元の文楽へ戻りたい」としゃべり、顔の表情を変え、髪の毛が伸びてゆくのは、人形の魂ではなく人形に憑いた自然霊（妖精）によるものだったと記されています。

次の事例は『生きている霊人たち』からの抜粋です。内容は大黒天像を所持したために起こった霊障です。

【世話になっている伯父が突然わけのわからない病気になり、寝たきりになったことから、思い余って母はあちこちの占い師を訪ねた。どうすれば治るかを何とか知りたい一心で。そして、ある日有名な浅草の狐つきに見てもらったら、その狐を使う占い師が、

「その人（伯父のこと）の羽織の裏に竜の模様があるだろう？（中略）お前さんの子どもの中に大黒天を拾ったものがいる」と言い、それが障りになっているとのことなのだそうだ。

母は自分が伯父にいつも着せたり脱がしたりしていた黒羽二重紋付羽織の裏地が見事な竜の絵模様であるのをすぐに思い出した。だが自分の子どもがまさか大黒天を拾っていようとは思いもよらなかったと驚いている。

私は大黒天を母に言われたとおり拾った道へ返してきたが、いくら考えてもわからない。どうしてそんなことが占いさんに分かるのか。そこで私はしつこく母に問いただした。

母はその人は部屋に祭ってあるお稲荷さんにたくさんの油揚げを供え、その前で熱心に祈っていたが、その間に狐の霊が空を飛んで占い師の望むものを探してくるということだったと言

った。

私がひとつだけ納得できたのは、占いさんがでたらめを言い、それが偶然当たるのだとしたら、その方がずっと不思議だということだった。】

この事例の大黒天像に入っている霊とはどんなものでしょうか。高級霊なのか未浄化霊なのかわかりませんが、元の持ち主に戻そうと同居の伯父に障りが起きたものと考えられます。

8 墓石の霊障

日本では墓が荒れたり、墓石が倒れたりしたとき、そのままにしておいたことで、その墓の子孫に霊障が生じるという話はたくさんあります。これは、日本では〝お墓〟が先祖供養の象徴であり、死霊も墓・墓石に執着するために生じるのだと思われます。

『生きている魂』(昭和53年、サンケイ企画)には、著者の佐々木もと氏(明治35年生まれ)自身の先祖の墓に関する障りの事例があります。氏は戦前戦後、美容業（髪結い）をして、皇族から霊能者まで幅広い人脈と豊富な話題、情報を持っていました。この本には、氏が困っている人の相談窓口になって、さまざまな心霊現象が関わる悩み事を知人の霊能者の助けを得て解消にあたった事例（供養を怠った身内霊による障りの解消など）が多数収められています。

佐々木氏は昭和34年のお正月に会った霊能を有する僧侶から、郷里にある貴方の先祖の墓の土台が崩れているので修理したほうがいいと言われました。佐々木氏は早速、郷里の甥に墓の修理を依頼してお金を送って安心していました。

後日、その僧侶から未だ墓の修理が行なわれていないと指摘されて墓を見に行ったところ、墓の修理をしていませんでした。嘘をついていた甥は、届いたお金を好きな酒に費消していたのでした。すぐに墓の土台の修理を行ないましたが、翌年、甥は事故により大怪我を負い、それがもとで50歳で早世したとのことです。

この事例には注目点が2つあります。ひとつは霊能者には目の前の人の危険信号がわかることです。先の新倉イワオ氏の事例も同じです。これは、霊にとって身近な人間が霊能者に会う機会に、自身の救済を願って同伴するためであろうと考えられます。2つ目は先祖霊が自身の墓に対する執着ゆえに不注意な子孫へ祟《たた》って、子孫の体に傷病を起こすことです。

9　精神疾患の治療は憑依霊を浄霊する

精神疾患は、未浄化霊が憑依したことによると言う霊能者は非常に多くいます。本当に精神疾患が霊の憑依によるのであれば——もちろん医学上は否定されていますが——、その霊を患者の体から出すことが治療になります。

そこで、その患者から憑依霊を招霊させて、その霊の言い分を聞いて浄霊させる行為が、洋の東西を問わず行なわれています。このことがわかりやすく記されているのが『迷える霊との対話』（1993年、C・A・ウィックランド、近藤千雄訳、ハート出版）の「訳者あとがき」です。

次にその部分を引用してみます。

【本書は、米国の精神科医カール・ウィックランド博士が、異常行動で医学の手に負えなくなった患者を、特殊な方法で治療すべく悪戦苦闘した30余年にわたる記録の全訳である。

その特殊な方法とは、心霊研究の分野で〝招霊実験〟と呼ばれているもので、異常行動の原因は死者のスピリットの憑依であるとの認識のもとに、その患者に、博士が考案した特殊な静電気装置で電流を通じる。すると、その電気ショックがスピリットにとってはまるでカミナリに当たったような反応を生じ、いたたまれなくなったスピリットが患者から離れる。

それをマーシーバンドと名乗る背後霊団が取り押さえて霊媒に乗り移らせる。乗り移ったスピリットは大半がその事実に気づかずに、霊媒の目・耳・口を自分のものと思い込んで使用し、地上時代と同じ状態で博士との対話を交わすことになる。その問答を通じてスピリットは、現在の本当の身の上を自覚して患者から離れていく、という趣向である。

電気で追い出すだけでは、再び取り憑く可能性がある。そこで、そうした愛と同情に満ちた説得によって霊的事実に目覚めさせることが肝要なわけである。】

このことがよくわかる本文の一部も要約して引用してみます。次の事例は、頭の中でいろいろな人の声が聞こえるという霊聴能力を有する患者、医学的にいえば幻聴の症状を有する患者のバートン夫人に憑いていた男女5体の憑依霊のうち、1体の男の霊が博士と語っている部分です。

【スピリット（憑依霊）＝ジミー・ハンチントン、患者＝バートン夫人

博士　ジミー、死んでどのくらいになりますか。

スピリット　それはどういう意味かね？　では、この私がいつ死んだと言うのだね？

博士　かなり前のことに相違ないでしょうね。ルーズベルトが大統領だったのは、もうずいぶん前の話ですから。ルーズベルトも今ではあなたと同じスピリットになっています。

スピリット　オレと同じ？　オイ、オイ、彼は死んだと言うのかい？

博士　あなたも死んだのです。

スピリット　こうしてここにいて、あんたの言うことが聞こえている以上、死んでるはずがないじゃないか。

博士　あなたは肉体を失ったのです。

スピリット　オイ、オイ、そんなに手を握らんでくれよ。気持ちが悪いよ。

博士　私は、私の妻の手（㊟博士の妻が霊媒の役）を握っているのです。あなたは今はもうス

ピリットとなっていて、少しの間だけ私の妻の体に宿って話をすることが許されているのです。私たちには、あなたの体は見えていないのです。】

憑依している霊を憑かれた人間から引き離すことを除霊といい、悪癖の矯正や病気の治療、運命の改善などに顕著な効果があります。正統派霊能者は皆、霊の憑依については単なる「除霊」ではなく「浄霊」の必要を説いています。

すなわち、憑依している霊魂に向上心を持たせるなどして説得し、自発的に離れていくように仕向けて、〝あの世〟へ旅立つようにすることが必要であると考えています。

ただし動物霊の場合は、強い感情を持っているため浄霊は困難なようです。また、憑依された人間がその後も人間性を高めず、悪い感情に捉われたままでいると、再び霊に憑依されることになります。何より正しい心と正しい心霊知識を持つことが大事です。

10 怨霊が加害者の子孫へ障る

先祖の行為によって被害を受けた者が恨んで亡くなり、怨霊《おんりょう》となることがあります。怨霊が直接の加害者のみならず、その子孫まで恨みの標的にし、「末代まで呪《のろ》ってやる！」と怨念を持ち続けるために障りが起きるのです。その結果、加害者の子孫は次々と事故に遭ったり、特殊な病気や障害を持って出生したりします。

これは家や血縁者を憑依の対象にする〝因縁霊〟のケースといえます。呪い・怨《うら》みを持った霊の霊力は、怨みを持たせた相手だけでなく、そのときには生まれていない相手の孫やひ孫などの子孫にも影響を与えます。そのため、子孫らはつらく苦しい人生を歩むことになります。

因縁霊の霊障が起こった場合には、それが自分の関知しないことであっても因縁霊に謝罪し、かつ「苦しんでいる霊が救われますように」と神に一生懸命祈り続ける。それが因縁を解く道といえます。

美輪氏の『霊ナァンテコワクナイヨー』（パルコ出版）に、先祖の悪業が原因で怨霊となって子孫へ祟っているケースが記されています。

それによると、美輪氏はある地方の家で、霊障のために死期の近い人を見かけました。彼を知る人の話では、彼は小学校の先生をしているが、長いこと病気で、医者も見放すような有様であるだけでなく、家族中が何かに祟られているようだとのことでした。

彼に取り憑いている霊がたまたま一緒にいた霊媒師に入ると、その途端もの凄い形相で悪魔のように笑い、こう叫びました。

「苦しめ、苦しめ、もっと苦しめ、あいつも殺した、こいつも殺した。みんな殺してやった。次はお前の番だ！　だが、ただでは殺さん。苦しめて、生かしたまま、ゆっくりと苦しめて、そうして命を取ってやる！」

美輪氏がこの者に憑くのをやめ、離れれば、供養もしてやる、線香もあげてやると言うと、霊は、供養など何もいらない、こいつさえ殺せばそれでいいんだと答えます。

それだけ彼が恨みを抱くのは、島原の乱のときの出来事にあるというのです。16歳になった彼の娘がキリシタン狩りで捕らえられ、衆人監視の中、丸裸にされて、さんざん嬲《なぶ》りものにされたあげく、蓑《みの》を着せられ、手足を縛られて火をつけられて焼き殺される「蓑踊りの刑」にあいました。

その後、彼は捕まっていた友達と、追手を斬りまくって逃亡しました。全身傷だらけになり、水車小屋の中で泥のように眠って目覚めると、足手まといの彼は置き去りにされ、友達は1人で逃げてしまっていました。逃げ遅れたために捕まって、なぶり殺しにされたことから、自分を置いて逃げた友人を恨んでいるのです。目の前にいる、その小学校の先生がその逃げた友人の子孫にあたるので、何代にもわたってその子孫を呪い殺してやるということです。

地上界には、ひとつやられたら、100倍にもしてやり返す人がいますが、この事例のように、霊であればそれ以上のことを数百年にもわたって行なえてしまうのです。

右の因縁霊の事例と区別すべきは、「先祖の因縁」といわれるものです。この言葉は日本人ならほとんど誰もが聞いたことのある言葉です。これは、先祖が蒔いた種の実りを子孫が刈ることです。つまり、先祖が何か悪いことを行なった場合に、「先祖の因縁」としてその悪因縁が影響して子孫が不幸な目に遭うということです。

この霊的問題については、霊能者の間でも肯定する見解と否定する見解とがあります。肯定説の中川昌蔵氏の著書『心の法則』（1985年、自費出版）によれば、心の世界にも貯金制度があり、愛の心、思いやりの心、親切な心で人のために奉仕し、ボランティア活動などをした場合には、天上界に預金されます。それを自分の生存中に使うこともできますが、多くは子どもや子孫が困った時払い戻されます。これを「先祖の徳をいただく」といいます。逆に、怒る、罵《ののし》る、怨《うら》む、憎むなどして心の世界に借金をすると、自分か子孫が返済をしなければならないというのです。

吉田綾氏も先祖の因縁が子孫に及ぶのは霊的法則によるものであるとして、先祖の生前に作った悪業、悪因縁の内容により生じやすい病気の具体例をいくつも挙げています（『吉田綾霊談集』公益財団法人日本心霊科学協会）。

他方、スピリチュアル・ヒーラーの山村幸夫氏は、父親が尿道結石を患《わずら》っていて、２人の異なる霊能者から、父親の３代前の先祖が遊び人だったことの因縁によると言われたが、そういうことが本当にあるのかという質問を受けました。先祖の因縁否定説に立つ氏はこの質問に対して、ホントに霊的な因果関係があるのだったら、それを受けるだけの原因を本人が作っている、ご先祖様のせいで、私たちが病気になることはない、と応えています（『与え尽くしの愛』より）。

先祖の因縁否定説のほうが因果律という霊的真理にふさわしい感じがしますが、肯定説も詳細にみると、因縁を受けて苦しむのは子孫が低級な波動で生きているからだと記している場合もあります。その点では、実際上はそれほど差がないのかもしれません。

最後に本章をまとめますと、人間や動物の有する思い（想念）、死んだ人間や動物の霊の有する思い（想念）、自然霊（神と祀られる高級な霊、精霊、妖怪など）の有する思い（想念）は、波動エネルギーとして宇宙に存在し、似た波動は互いに引き付け合う。ある想念の波動が怒りや恨みや強欲など低級なものであれば、似た想念と引き付け合ってさまざまな災厄がもたらされる。それが私たちの人生に陰りをもたらすこともあると思われます。

4章

「あの世からの通信」はほんとうか?

――真実の霊界通信なら真実の死後の世界を教えてくれるはず

1 外国人霊を招霊したらどう交信し合うか

霊と人間とが通信し合うこと（交信）は古今東西、霊媒《れいばい》と呼ばれる人間（霊能者）を通じて行なわれてきました。普通の人間には困難なことも、霊媒によって異次元世界（あの世）にいる霊から彼らの要求や死後の世界を聞き出すことが可能になります。

霊と交信がとれることは、人間が住むこの地上界とは異なる他界が存在し、人間の魂が死後もその世界で生存している――霊魂として存続する――証拠となるのではないかと考えられます。

よく知られた交信方法としては、招霊《しょうれい》（降霊《こうれい》ともいいます）によって呼び寄せた霊が一時的に霊媒の体に憑依し、自分の意思を伝える「霊言現象」があります。それ以外にも、交霊会において出席者が話を聞きたい霊を霊媒に招霊してもらい、霊がエクトプラズムという霊的物質によって製造された発声器官を使い、空中から声を発して地上界の人間と会話する「直接談話現象」があります。また、霊媒の手を使用して、あるいは霊媒の頭脳に働きかけて霊が紙面などに書記する「自動書記現象」もあります。これらが日本でも欧米でも霊による主要な交信手段です。

ただし、最近の交信には、霊能者が「霊視」「霊聴」するなかで、霊が語ってくる言葉を「通訳」のように相談者に伝えるシッティングがよく行なわれています。かつては、霊能者による「ご託宣《たくせん》」として一方的に霊からの通信を受けることが日本ではよく見られましたが、少なくともテレビなどでは見られなくなってきたように思われます。

シッティングを行なう霊能者は、相談者から何も情報を得ないまま霊視を行ない、あの世からの情報を一方的に相談者に伝えます。相談者はそれに対して「はい」か「いいえ」と答えるだけです。これならば霊界通信を信じられるかどうかは依頼者が自分で判断できます。このシッティングを厳格に行なうことで、現在アメリカで活動中のジョージ・アンダーソン氏のもとにはたくさんの相談者が集まっているようです（参考『リーディングの奇跡』糸川洋、PHP文庫、『WE DON'T DIE（誰も死なない）』1991年、糸川洋訳、光文社）。

では、霊媒を通さないと霊との交信は難しいのでしょうか。霊からの言葉は、潜在意識でキャッチして、それを表面意識につなげることで認識できるといいます。普通人の表面意識は物質世界のことに忙しくて潜在意識が活性化しない状態になっているため、霊の言葉が伝わらないのかもしれません。

以前は、テレビ番組で霊能者による招霊のシーンが放映されることがたまにありました。招霊の儀式の後、あの世の霊が憑依して入神状態《にゅうしん》（トランス状態）になった霊媒の口を使って霊からの話を聞くというものです。しかし、外国人の霊を降ろして霊媒が外国語を話すのをテレビで見ることは一度もありませんでした。

この点について医師鶴田光敏氏は著書『幸福への波動』（2009年、文化創作出版）で、次のように記しています。


【これはすべての招霊に言えることなのですが、完全に体を貸すということは霊媒にとって極めて危険なことなのです。自己を空にすることは結局精神の破綻をきたすことになりかねない。だから自分の意識をしっかり保ちながら他の霊を招き入れる。

これはある優秀な霊媒から聞いた話ですが、霊が入ってきたら、まずその霊の感情を感じる。怒り、残念さ、焦燥、ある物への執着などなど。そんな感情が先にきて、それを半分翻訳するように話すということらしいのです。ですから、古い時代の人が入ってきても、そのとき使われていたのと同じ言葉で話すというわけではないのです。】

この記述をもとに考えると、関西弁の強い日本人霊媒が、たとえば、故リンカーン米大統領を降霊しても、リンカーン霊は霊媒の口を借りて、英語でなくバリバリの関西弁で語ることはあり得るようです。ちなみに、降霊で有名な恐山のイタコは、日常生活で「津軽弁」を使用しますが、大方のイタコは降霊中であっても津軽弁を使用するようです。

ですから、霊が地上に生きていた当時の言葉を霊媒の口を通して発しなくても、だからニセモノだとは必ずしも言えないと思われます。

ただし、霊の生前のときの方言と口調、話し方のままにしゃべり出す霊媒（巫女《みこ》型霊媒といいます）も存在します。

一例として平野威馬雄氏の聞いた話が著書『日本怪奇物語』（日本文芸社）に記されています。氏はイタコが死者の言葉として、いつもあたりさわりのない誰にでも当てはまるようなことを言うため、イタコに対して余り信をおいていませんでした。ところが氏は、銀座のナイトクラブで働く女性から彼女が前年恐山に行って体験したイタコの話を直接聞く機会がありました。

彼女の話によると、亡き母のしゃべり方と身振りにそっくりで、「四畳半のタンスの2番目の引き出しに、おまえに残したアワセの着物2枚、そして押し入れの桐箱の中には、翡翠の指輪とさんごの髪飾りが入っているから、見つけてごらん。おまえに上げようと、とっておいたものだ」と語ったといいます。しかも、イタコは初対面の彼女に、彼女と亡母の間でしかわからないことまでいろいろと語ったというのです。

「ほんとに気のせいではなく、亡母とそっくりのアクセントでした。しかも家に帰って調べてみたら、その通りのものが出てきたのでびっくりしました」と彼女は言いました。

2 欧米の交霊会

英国の心霊研究家アーサー・フィンドレイ氏は、霊媒（ミディアム）のジョン・スローン氏と出会ったことから、多くの優れた心霊研究書を世に出しました。スローン氏は、本人がその場にいると、あの世の霊が空中から直接しゃべってくるという心霊現象のひとつである直接談話現象（ダイレクトボイス）を起こす驚異の霊媒でした。

心霊研究家田中武氏の著書『ヴェールの彼方より』（昭和57年）には、フィンドレイ氏の著書をもとに、氏が交霊会の記録と研究に関わることになったきっかけが記されています。

フィンドレイ氏が、1918年に英国のとある街を散策していたら、スピリチュアリスト教会という見たことも無い名前の教会と遭遇しました。氏が好奇心にかられて中へ入ってみると、折しも1人の人が、霊魂が不滅であること、現世と霊界との交信が可能であることを証明する交霊会の報告をしていました。氏は、霊魂不滅などということは、荒唐無稽のことと考えていましたので、そのスピーチが終わったとき、その人に尋ねました。

「あなたの話したことは到底信じられません。単純な人々なら信じるかもしれませんが、合理的に考えられる人であれば、このようなことを真実と受け入れられるでしょうか。あなたは私に死後の生存を証明できますか」。すると、

「理論的証拠でなく、何よりも事実の証拠が第一です。あなたが本当にその証拠を求められるなら、私はあなたをその交霊会に連れて行ってあげましょう」

と、その人は言いました。

翌日、フィンドレイ氏が連れて行ってもらったのは霊媒のスローン氏の家でした。その夜、スローン氏の家には、フィンドレイ氏の知らない人ばかり10人ほどが集まっていました。

以下、交霊会の場面をこの本から引用します。

【やがて灯りが消され、交霊会が始まった。見ていると、各出席者それぞれの傍ら近くに、目に見えざる発声主が近寄り、その人と互いにいろいろと話し合うのであった。その見えざる発声主は、男子、婦人、子どもなど合計2、30人に及び、そのいずれも出席者の母とか妻とか友人とかに当る人ばかりで、皆この世を去った人のようであった。聞いてみると、それぞれ皆、内輪のよもやま話を交していている。死んだ人間が出て来て、このように普通の人間同士のように会話を交わすのは、フィンドレイ氏にとっては、まったく驚天動地の不可思議な出来事であった。いったい、どのような仕掛けがあるのだろうといろいろ考えても、そこに起こっている現象は、すべて彼の推測をはるかに超える事柄ばかりだった。

やがて、突然、彼の真正面で力強い声が話しかけて来た。

「わしは、お前の父、ロバート・ダウニイ・フィンドレイじゃよ」

そして、この父と名乗る声は、父とフィンドレイ氏ともう1人の人物の3人だけが知っている内密の話を語るのだ。それは事業に関することで、この3人以外に知っている者はいない。しかも、父も、もう1人の人物もすでに死んでいるので、実際にこの地上で知っているのは、フィンドレイ氏ただ1人のはずだったので、氏の驚きは何にたとえようもないものだった。】

この交霊会の出席を契機にフィンドレイ氏は心霊研究をはじめました。氏は十数年にわたり、克明にスローン氏の開く交霊会に出席しましたが、その間、何ひとつトリックを見出すことはできませんでした。

霊媒スローン氏は、誠実、無欲、謙虚な性格の持ち主であり、世に出て有名になることを極端に嫌っていた。多くの人の相手をするより少数の人に喜ばれることを好んだのだ。彼は一工員として、朝8時から夕方5時すぎまで働き、1週数ポンドの収入を得て生活費とし、ほぼ毎週1回、内輪の交霊会を開いていたが、その謝礼は断じて受け取りませんでした。50年間にわたって、多くの人々に霊魂不滅を実証した彼は、1951年、82歳で世を去りました。

スローン氏の交霊会では、10人程度の人が小さい部屋を暗くして輪になって椅子にかけます。讃美歌を歌って待っていると、まもなく空中から普通の会話と同じような声がはっきりと話しかけてくるのが皆に聞こえます。会の出席者の身内や友人だった人の声が入れ替わり、立ち替わり話しかけてくるのです。

出席者の1人1人にそれぞれ自分の名を名のって語りかけ、話しかけられた人はこの声の主に応答し、談笑したり、励まし合ったり、互いの消息を語り合ったりします。それは、生きている人同士の普通の会話と少しも変わらないということです。もちろん、霊媒スローン氏がいないとこの現象は起きません。文字通りスローン氏が〝媒介（ミディアム）〟になって生じる現象なのです。ちなみに、日本語の「霊媒」は、ミディアムを翻訳するときに生み出された言葉です。

スローン氏による直接談話現象は、欧米でも当時から数少ない心霊現象です。これは霊現象を誰もが認識することのできる物理的心霊現象（霊能者だけしか認識できない霊視のような心霊現象を精神的心霊現象といいます）であることから、この現象を起こせる霊媒は現在いないため、今やまったく行なわれていません。

物理的心理現象でよく知られているのは完全物質化霊ですが、それ以外にも手首のみ、あるいは頭部のみなど一部の物質化霊などが現れることもよく起きていました。21世紀は高度にテクノロジーの発達した時代であるから、霊界側ひいては神は、物理的心霊現象を現代人が容易に認識しないよう発生をできる限り抑制しているのかもしれません。たとえば、テレビで生放送されると**心霊が真実である**という事象が単に好奇心を満たすだけで終わりかねないからだと思われます。

3　死んでいるのにまだ苦しい

19世紀に欧米で始まった近代心霊研究における霊との交信は、霊を霊界から呼び出し、入《にゅう》神《しん》状態の霊媒の口を通じて語らせる霊言《れいげん》現象が主流でした。この場合の霊媒には、自分が何をしゃべらされているのかの認識がある場合と、まったく認識が無い場合とがあるようです。

いずれにしても、招霊によって霊媒の体に入った霊とは、いったいどのような会話ができるのでしょうか。

東京外国語大学名誉教授笠井鎮夫《かさいしずお》氏（1895〜1989年）の著書『日本神異見聞傳』（昭和49年、山雅房）には、義父の霊を霊界から招霊してもらったときの実況記録が載っています。これは、東京心霊科学協会が東京・市ヶ谷に心霊相談所を開設したので、同協会評議員の笠井氏が妻とその弟を連れて訪れ、氏の義父の霊魂を呼び出してもらったとき（昭和8年6月）の内容です。要約して紹介します。ちなみに、氏は浅野和三郎氏らとも交流があって心霊にも造詣《ぞうけい》が深い人です。

招霊によって霊の一時的な仮の体を貸す霊媒・中西りか氏は、笠井氏とは初対面でしたが、審神者《さにわ》（霊媒に掛かった霊と対話をし、その真偽を見極める役のこと）をする心霊相談所の経営主任格の岡田熊次郎氏とは旧知の知り合いでした。笠井氏は義父の氏名、その死亡時の地名と年月日を紙に書いて審神者に手渡すと、彼はそれを霊媒に見せて「ではお願いします」と言いました。審神者は黙とうした後、やや厳かな声で、

「大正14年3月15日、青森県弘前市紺屋町××番地にて帰幽、〇〇の御魂《みたま》ァ……」

と紙片を読み上げました。すると、少しして霊媒の顔にさっと苦悶の色が現れました。続いて、顔全体が歪み、いよいよ苦しげな息づかいとなったと見るや、突然うめき声で、

「もうだめだ、ああ苦しい、もういかん。いや、死んではならん、死んではならん！　病院からなかなか退院できなくて困る。早く治って弘前に帰りたい」

と訴えてきました。どうやら義父は死んでいることがわかっていない様子でした。そのため、笠井氏は義父が東京の病院で大手術を受けて、いったん全快して弘前へ帰ったが、風邪をひき肺炎を起こしたのがもとで、今から7年前に死亡したことを説明しました。その説明に義父は納得することができずにこう言うのでした。

「ナニ、このわしが死んだというのか、冗談じゃない。ここにこのとおり生きていて、毎

日ベッドの上で独り苦しんでいるじゃあないか！」

「それでは、お父さん、今いらっしゃるところはどんな状態ですか？」

「長い間真っ暗がりの中にたった1人だ。ぐるりには誰もいないようだ」

「そらご覧なさい。この世だったら昼は日が照るし、夜だって電灯がつく。いつまでも真っ暗ということはありませんよ」

「それじゃア、わしは本当に死んだのか！　しまった！　残念だなア！　今わしが死んだら家族が困る！　みんなが困る！」

この義父の招霊の終了後、笠井氏は入神状態から醒めた霊媒にこう尋ねられました。

「今の方、右の股《また》のところをどうかなさったのですか？　とても痛くて、痛くてたまりませんでした。わたしの感じたところでは、あたりが真っ暗で、ひどく寒かったですネ」

右の事例には人間と異ならない死後の霊魂の思いの一例が如実に示されていると考えられます。笠井氏の義父は東京で右の大腿骨切断の大手術をしたとのことですが、おそらくこの手術直後の苦しかった記憶が強く脳裏に残っていたため、その入院中の世界が死後にも再現されているのだと思われます。

なぜ自分の死に気づかないのか、霊の言い分を吟味しても理由はわかりません。この事例のように、暗いところにずっと1人でいると語る霊のケースもしばしばありますが、それをどうして奇妙だと感じないのでしょうか。しかも、大正14年の死から10年近く経った昭和8年の交信時にも苦しんでいるのはなぜでしょうか。

霊魂は肉体の死後も存続するので、死んでも苦しみにとらわれた想念を霊魂が持ち続けることはあります。あの世である思いにとらわれていると、その思いの通りに周囲の環境がつくられます。たとえば、胃の手術をして苦しんで死んだ場合、病身の体が作られ、霊はその体とともに手術後の苦しみがずっと続くとのことです。なお、霊が死を自覚すると、その霊を見守っていた背後霊が霊界へと導いていきます。

招霊された霊が自ら語った内容を記したものとしては、この笠井氏の著書がとても臨場感があります。これ以外の著書としては、『再会　死んだ家族にもう一度逢える』（2008年、塩田芳亨、文藝春秋）、日本心霊科学協会の福岡の会員有志による研究会で行なわれていた交霊会の記録である『筑紫交霊録』（昭和51年、豊島伊都男編、非市販書）、『古武士霊は語る』（昭和63年、近藤千雄編、潮文社）、『〈続霊媒〉霊媒に招かれた死者たち』（昭和56年、渡辺政治、共栄書房）なども参考になります。

4　霊界通信によってわかる死後の世界

死後の世界はどんな世界なのでしょうか。これについては霊界探訪した霊能者の報告内容で知ること以外に、降霊によって出現した霊界人に尋ねることで、ある程度その世界の内実がわかります。前者の事例としては、スウェーデンボルグによる極めて膨大な報告書があります。日本では、その一部を翻訳もしくは抄訳した『天界と地獄』（日本における最初の翻訳は1910年出版）『霊界日記』などがしばしば繰り返し出版されています。

死後の世界の行き先やそこでの状態は、地上で一生を過ごして亡くなったのはどの国か、どんな生き方をした人か、あるいは死後の世界をまったく信じていなかったかなどによっても異なるといいます。

心霊学では、死後は、それまでの病苦などの苦しみや年老いた肉体から解放され、自由で軽やかな感じになると考えられています。また、死後は墓の中にいると生前に信じていた人は自らの想念のために死後も墓の中に居続けるとか、宗教上の教えなどの影響で死後もいつまでも眠ったままであるとか、自殺者は暗い所に1人でいて自殺したことを後悔しているといわれます。とくに有力な考えは悪事を重ねた人ほど暗黒界、いわゆる「地獄」でひどい苦しみを味わうことになるということです。

死後の世界を貫く法則として、次の3つがあることが知られています。

①死んでも人間の個性は消滅しないことです。生前の性格、感情やものの考え方、人柄などは霊界でもそのままです。

②自分の波動レベルに合った霊界の境域に自ら入ることです。死後、裁きを受けて行くべき世界が決まるわけではないのです。

③霊界ではより高位の階層へ移行することができることです。死後も霊魂を進歩向上させると波動レベルが上がります。それで、神界へ進もうと——霊界と地上界の長期間の輪廻の中で——精進します。

ところで、霊界通信は霊界人（スピリット）からの正しい情報であると信用してよいでしょうか。実はこれについては、真実か否かを慎重に考える必要があります。なぜなら、不正を行なう霊媒がいることや、低級な死霊が地上の人間をからかうことは古今東西少なくないからです。

それだけでなく、さらに次の3つの点にも注意が必要です。

第一に、霊界通信に間違いがなくても、その内容にスピリットの主観（宗教観や育った文化観など）がある程度入ってしまうことです。また、スピリットの属する世界よりも格上の世界は知り得ないといいます。

第二に、スピリットからの通信と銘うって霊媒の口から出てくる霊言には、霊媒の潜在意識から出たものも有り得ることです。通信は人間の意識中枢を通過して言語化されるため、100パーセントの純度はまず有り得ないと高級霊が正直に認めています（以上は『コナン・ドイルの心霊学』内にある翻訳者近藤千雄氏の解説文によっています）。

第三に、地上の言語では霊界はどのようなところか適切に説明できないことがあることです。とくに、霊界の上部の素晴らしさは、言語では説明できないと多くの信頼度の高い心霊書には記されています。欧米のある心霊書には、

【極端に言えば、空気に住む小鳥が水中に住む魚に空中の生活の説明を強いられるのに似たような事情もあろうと思われる。】

と記されています。

なお、死後生存に対して懐疑的な人は、死者からの通信は霊媒が出席者から透視やテレパシーによって情報を得ているにちがいない、霊媒の潜在的演技力によってそのように錯覚させるにちがいないと考えます。しかし、こう理解すると、知的水準の高くない霊媒が霊との通信で高度な哲学的議論をよどみなく行なうことや、出席者の誰も知らない外国語を話すこと（『死後の生命』ロバート・アルメダー、笠原敏雄訳、TBSブリタニカ）などの説明がつきません。

死後の世界はどうなっているのかを夭折《ようせつ》した自分の息子に尋ねてみたのが心霊研究家の浅野和三郎氏です。浅野氏の二男として明治37年に生まれた浅野新樹《しんじゅ》氏は、会社員として昭和2年大連に赴任したものの、昭和4年2月満鉄病院で病死しました。浅野氏は霊媒を通じて、息子・新樹に霊界を詳細に調査するよう指示し、霊界を探訪した新樹氏から届いた通信内容が『新樹の通信（本文復刻版）』（平成10年、潮文社）に記されています。

この書には、死後の世界で新樹氏が直接体験したこと、新樹氏の知識と体験で不明なところは新樹氏の指導霊（新樹氏の眼にはお爺さんに見えるという）や高級霊から教えてもらったことが多々載っています。その一部を表記を修正して要約して引用します。

【問『幽界人の姿に動と静と二通りあるとして、それならその静的状態のときには全然姿はないのか？　それとも何らかの形態を持っているのか？』

答『そりゃ持っていますよ。僕たちの普段の姿は紫っぽくて、軽そうな、フヮフヮした毬《まり》みたいなものです。余り厚みはありませんが、しかし薄っぺらいでもない……』

問『その紫っぽい色は、全ての幽体で使われる色なのか？』

答『皆紫っぽい色が付いていますよ。しかし浄化するにつれて、その色がだんだん薄色になるらしく、現にお母さんの守護霊さんの姿などを見てみると、ほとんど白いです。ちょっと紫っぽい痕跡があるといえばありますが、もう9割がた白いです……』

問『その毬みたいな姿が、観念の動き方一つで生前そっくりの姿に早変わりするというのだね。妙だなぁ……』

問『その幽体も、肉体同様やがて放棄される時が来るだろうか？』

答『守護霊さんに聞いたら、上の界へ進む時はそれを棄てるのだそうです。――しかし、必要があれば、その後でも幽体を造ることは造作もないそうで……』

（中略）

問『最初お前は裸体姿のときもあったようだが……』

答『ありました。こりぁ裸体だな、と思っていると、次の瞬間にはもう白衣を着ていました。僕、白衣なんかイヤですから、その後は一度も着ません。くつろいだ時には普通の和服、訪問でもするときには洋服――これが僕の近頃の服装です』

問『お前の住んでいる家屋は？』

答『衣服の次に僕が考えたのは家屋のことでしたよ。元来僕は洋館の方が好きですから、こちらでも洋館であってくれれば良いと思いました。すると、その瞬間に自分自身の置かれている室が洋風のものであることに気づきました。今でも家屋のことを思えば、いつでも同じ洋風の建物が現れます。僕は建築にあまり趣味をもちませんから、もちろん立派な洋館ではありません。東京辺郊外などによく見受けるような平屋建てで、部屋は3間《ま》ばかりに仕切ってあります。書斎をいちばん大きく取り、僕はいつもそこに居ります。

ストーブも、ベッドも、また台所道具のようなものもひとつもありません。人間の住宅と違って至極あっさりしたものです。僕の書斎には、自分の使用するテーブルとイスとが1脚ずつ置かれているだけです。書棚ですか……そんなものはありませんよ。こんな書物を読みたいと思えば、その書物はいつでもちゃんと備わります。絵の道具なども平生から準備して置くことは全然ありません。花なども、花が欲しいと思うと、花瓶まで添えて、いつの間にか備わります。

幽界の花がどう現世の花と違うかを研究してみたのです。僕たちの世界には昼夜の区別がなく、従って日数を申上げる訳にはまいりませんが、花瓶の花は別に水をやらなくてもいつまでも萎れないのです。ちゃんと立派に咲き匂っているのです。そこが地上の花と大いに違う点ですね。

どうも僕が花を忘れずにいる間は、花はいつまでも保存されていたように思いますね。その内、僕はいつしか花のことを忘れてしまいました。ふと気がついて見た時にはもう花は消え失せていました。僕にはそれが不思議でなりません。あの花はいったいどこへ行ってしまったのでしょう』】

この本には、帰幽後の一キリスト教徒と一仏教信者の様子や、幽界人の富士登山などのほか、乃木大将のところへ訪問し話をしたことも記されており、非常に興味深いです。しかもこれを読めば、死後の世界は自分の想念で周囲の環境が変わったり、必要な物が瞬時に現れたり、また行きたい処に瞬時に行くことのできる「想念の世界」であることがわかります。この点については同様なことが多くの書籍で示されていますので、心霊学のほぼ定説といえます。

なお、ここで「霊界通信」「霊界人」の霊界とは〝あの世〟一般を指し、幽界とはあの世の中の一つの界層、通常は自らの死を受け入れた一般の霊が最初に居るところです（心霊書では霊界という語を幽界の一つ上のあの世の界層でも使用しています）。

5　コナン・ドイルが提示した死後の世界

英国の作家コナン・ドイル氏（1859〜1930年）は多くの交霊会に出席し、著名心霊研究家とも交流して心霊現象を長年研究しました。また、知名度の高い彼はいくつものスピリチュアリズムの団体の会長を務めただけでなく、霊的思想の普及のために太平洋と大西洋をまたにかけた講演旅行を、当時のレートで日本円に換算すると億単位になる経費で行ないました。氏の著書『コナン・ドイルの心霊学』（近藤千雄訳、潮文社）を基に、死後の世界の気になる点をいくつか箇条書きにしてみました。

・幸せに満ちていて、二度と地上に戻りたいとは思わない

・性格と能力に合った仕事（建築の仕事、保育の仕事など）に従事している
・階層社会であり、霊は低い階層から高い階層へは行けないが、高い階層から低い階層へは意のままに行ける
・性格の似通った者で共同社会を形成している
・〝老い〟が若さを取り戻し、〝若さ〟や〝幼さ〟が成長して大人らしくなり、皆それぞれの霊性を表現した容姿になる
・地上時代の病気も障害も完全に消えている
・霊界の霊たちは全知に近い能力を身につけており、何でもすぐに分かってしまう。しかもそれは驚く程正確である
・暗黒界はあるが、そこは永遠の刑罰を受ける地獄ではない

もっとも、死後の世界の描写、あるいはその説明は霊能者によって大きく異なるところがあり、要注意です。おおむね欧米の心霊書では、あの世で穏やかに暮らす人を記したものが多いと感じますが、日本の昭和の心霊書では苦界にいる人が多くいると記されているように感じます。

6　弾けないはずの三味線を霊媒が弾く

あの世の霊を招霊して霊媒の口を通じて語ってくれても、ありきたりなことを語るだけでは懐疑的な人に死後霊の実在を納得させることは困難です。そこで、著名な音楽家、画家を招霊させて一時的に霊媒の体へ彼らの霊を憑かせたら、その霊媒は優れた技能を発揮できるのでしょうか。もし技能を発揮できれば、死後にも個性が存続する明瞭な証拠になります。

この点に関し、霊能者・渡辺政治《まさはる》氏の著書『霊媒』（1978年、共栄書房）に、招霊によって霊媒の体に入った霊が三味線を弾く事例がありますので、次に紹介しましょう。

あるとき、渡辺氏は招霊における審神者《さにわ》を頼まれて霊媒の徳元久衛女史宅を訪ねました。相談者Sには病気をもつ家族があり、医師に見てもらっても改善しないので、霊障の調査に来たのでした。そこで、渡辺氏と霊媒の2人が無指名で招霊すると、入神状態の霊媒の態度が、着物の着つけなどをきちんと直すなど、なまめかしく粋な女の風体に変わってきました。

渡辺氏がその霊と問答をすると、Sの母方の血族で、生前は芸者をやっていたということでした。霊によると、家が経済的に困っていたので、自分から進んで芸者になって家計を助けたのだが病気となり、30歳の若さで死んだとのことでした。それ程までして家を再興させたのに、子孫はろくに年忌も供養も満足にしてくれないでうらめしい、ちゃんと供養してもらいたい、とのことでした。Sの家族の病気は、この芸者の霊の執念によって起きたのでした。

渡辺氏は霊にいろいろと説得をし、今後の霊界での生活の話をして、Sによく供養してもらうようにすると約束しました。すると霊はポロポロと涙を流すのでした。話が一段落したところで渡辺氏は、「あなたは生前に芸者をやっていたのだから、三味線が弾けますか」と聞きました。すると、「私たちは、唄に、踊りに、三味線に、とてもきびしく仕込まれたので、多少はやれます」と言うのでした。「霊界では、三味線を弾くことなどありますか」と聞くと、「こちらに来てから、気の合った友達があって、よくやることがあります」と言います。

これを聞いた渡辺氏は、霊に「この婦人の体を使って、いかがでしょうか、三味線を弾いていただけませんか」と依頼してみました。すると、「ちょっと待ってください」と言って、霊界の誰かと相談するようであったが、「やってみましょう」と言うのでした。

そこで、渡辺氏は隣家から三味線を借りて霊媒に渡しました。するとどうでしょう、ちゃんとひざの上に置き、音調を合わすのです。その手つきを見ていると、どうしても素人と思われない堂に入ったものでした。まるで生きている芸者そのもので、音調ができると、ベンベンとやり出しました。実に調子がよく、よい音が出てくるのです。霊媒が弾き終って渡辺氏がパチパチと拍手すると、霊も喜んでいた様子で、しげしげと三味線をながめていたが、では私の意志をくんでほしいと念を押して帰って行きました。

目覚めた霊媒は三味線があるので、どうしたのだと聞きただしました。渡辺氏が「実は芸者の霊が出たので、三味線を弾いてもらったところなのですよ」と言うと、「そんなことができるのか」と本人が言い出すのでした。

このように霊媒は三味線を弾けないのに、三味線が上手い霊が体に入り込むと、三味線が上手く弾けるようになるのは、魂が死後も存続する証拠のひとつといえます。欧米では、死んだはずの小説家が未完の小説の続きを無学な人の体を通じて発表した事例があります。ベートーヴェン、リストら音楽界の巨匠の霊が、音楽や作曲の素養がない女性を通して演奏し、クラシック曲のレコードを出したという事例などもあります。

しかし、霊が霊媒の口を借りて、この世で生きていたときとまったく同じ口調で話をする事例や、亡くなった当人にしかできない特殊な技能を霊媒が行なう事例はまだまだ数少ないのが実情です。

天才画家や天才音楽家だった死霊を普通の人に意図的に憑依させて、天才的能力を発揮してもらうことは可能であるかは心霊研究の大いなる課題といえます。しかしながら、少なくとも絵を描く素養のない人に素晴らしい絵を描いてもらうとか、ピアノ演奏がまったくできない人に名演奏をしてもらい、これらを生テレビ放映することは残念ながらできないでしょう。あるいは、テレビの生放送で本物の霊媒を複数出演させて彼らに世界的有名人の霊を降ろし、当人の口癖、言語で秘密の話を語ってもらう場面を放映することも残念ながらできないでしょう。この点は心霊の世界を知るうえで極めて重要なことです。

神は人間の良心が育って悪事を憎み、かつ、世のため人のために生きる人間となるよう、**心霊世界が存在する絶対的証拠**を自らの手で隠していると思われます。その方が**人間のこの世での修行**（生まれながら不平等な地上で、しかもその霊的な理由を知らないままで人生の苦しみに耐えるとともに、さまざまなことを通じて魂の向上に努めること）に適しているからでしょう。他方で、心霊世界があるのではないかと、いつの時代もちょっとだけさまざまな心霊現象を世の人たちに見せることで**生き方を改める機会**を与えてきたと思われます。

もうひとつ、この事例には注目すべき霊の態度があります。それは文中で霊が三味線を弾くことをあの世の誰かに相談してから弾くことにしたと記された部分です。これに近いこと、たとえば人間の質問の一部に霊が返答を言い渋るようなことは他の本でも見かけます。相談の相手はおそらく守護霊だと思われますが、なぜ霊はそうするのでしょうか。

普段は地上界の人に死後の自分の思いを自由に語ることができなかったのですから、招霊の機会をとらえて霊は何でも語ろうとするはずと思いがちですが、どうもそうではないようです。

父の死後に遺言書の件で遺族に争いが起きたと仮定しましょう。本物の遺言書の内容に納得のいかない次男がそれを隠したことから、遺言状の所在を確認するため亡き父を招霊して、次男の不正が露見したとしたら、あるいは殺された霊が「自分を殺した犯人はAです。Aの逃亡先は今××です」などと自由に語ったとしたら、「霊が真相を教える」という心霊現象がこの世の騒動や事件の問題解決に不可欠になってしまいます。そこで、霊による地上界の真相の暴露などを野放しにさせないよう、霊の発言、あるいは招霊自体に一定のブレーキをかける「あの世」の配慮（神の承認がある）があるように思われます。なお、事故や殺害による死亡の場合は、死後の霊魂はしばらく意識がない状態にあるか、または混乱した意識状態が続くようです。

7 自動書記による霊界通信

先に述べた招霊による霊言現象や直接談話現象の事例は近年激減しているようですが、現在も有力な霊との交信手段が自動書記です。霊界人からの通信手段として、霊媒に文字を書かせる心霊現象のひとつが自動書記です。欧米のみならず日本でもよく行なわれています。霊媒がペンを持った状態で霊によって書かされる自動書記には次の二通りがあります。

ひとつは霊が無意識（トランス）状態になった霊媒の手を操って書かせる場合です。もうひとつは、霊が通常意識の霊媒にインスピレーションを送って、それを受け取った霊媒が反射的に綴っていく場合です。後者は「霊感書記」といわれています。かつて日本で流行した「こっくりさん」も広い意味では自動書記に近いものと言えます。

ちなみに、かつては、見えない霊が紙面や壁に筆記用具なしに文字を書いたり、あるいは空中から物質化した手が出現してペンを握って文字を綴る「直接書記」もありました。1855年、著名な霊媒ダニエル・ダングラス・ホームによる交霊会で十分明るい場所に物質化した女性の手首が現れ、ペンで紙に名前を記すのをはっきりと見たと、コネチカット州ハートフォードの地方紙『ハートフォード・タイムズ』の主筆フランク・L・バーが証言しています（『新・心霊科学事典』昭和59年、田中千代松編、潮文社）。

日本にも次のような事例があります。日本心霊科学協会の精神統一研修会で霊的能力者を担当していた榎本幸七《こうしち》師は、自動書記によって協会の指導霊や師自身の背後霊から月に一度霊界通信を受けて、それを出席者に伝えていました。その霊界通信文は『心霊研究』誌にも多々載っています。

昭和53年頃、榎本師は仕事上で大変な苦境に立たされました。そんなあるとき、妻が習う人形サークルの会員の1人が日本心霊科学協会所属の霊的能力者だったことから、その人からこう言われました。旦那さんは今に体を壊してしまうから、協会に旦那さんを寄越《よこ》しなさいと。妻に日本心霊科学協会を勧められた榎本師は入会することにしましたが、もともと榎本師は子どもの頃から霊的体験が多く、4年目くらいからは透視（たとえば封筒の中の紙に書かれた字が見える）などが徐々にできるようになったとのことです。
『心霊研究』（平成11年10月号）には、榎本師に自動書記現象が初めて生じたときの状況が載っていますので次に引用しましょう。

【霊能者の先生から「協会の夏休みに大西先生の霊能開発講座があるので、そこに出てごらんなさい」と言われ、わけがわからないながらも出てみました。当時の協会は3階に和室が3つあり、3泊4日の日程で、大西先生の講話と降霊会のようなことがあり、ご婦人方も5、6人いたと思います。

この勉強会も明日で終わりだなという3日目、寝床に着いたのが夜の10時頃です。ところが12時頃になったら、体がグラグラグラグラと動かされるのです。何だろうと思って起きてみたら、薄暗い豆球がひとつ点いているだけです。ほかの人を見るとみんな静かに寝ています。横になるとまたグラグラして起こされる。しょうがないから布団の上に起きたら、耳元で「書け、書け」と言うのです。

メモ用紙と鉛筆があればいいのですが、何もない。また、何を書くのかもわからない。「書くものがないからいやだ」と言ったら、「せっかく書けるのだから書け」と言うのです。そのうちに、ズボンの尻ポケットに小さい手帳が入っていることを思い出し、手帳の背に入っている細い鉛筆を取り出し、何を書かされるのかと思いながら布団の上に座っておりました。

最初に書かされたのは、「400年（よもとせ）とへだたることは是非もなし。血のつながりは確と強きぞ」です。400年前の先祖さんが、「おまえの中におれの血がある。400年経っても血はつながっていくのだ」と言っているのです。このときは本当に驚いてしまいました。

そのとき、大西先生の助手をしてくださったIさんが起きて、「おお、始まったな、始まったな」と言いながら、協会の1階から半紙と鉛筆を持ってきてくださったのです。それからいろいろ書き始めた。それが自動書記のはじまりです。】

『500に及ぶあの世からの現地報告』（平成8年、ネヴィレ・ランダル、小池英訳、心の道場）にも、自分自身に自動書記現象が起き始めたときの様子について次のような記載があります。なお、この書には、あの世にいる霊が、地上の霊媒を通じて伝えてくる死後の世界の様子が書かれています。

【もっとも広く知られているイギリスの自動書記ライターの1人が、「グレイス・ローシャー」

である。私がケンジントンの彼女のアパートを訪問したとき、彼女は自分は霊媒者ではないし、これまで交霊会に行こうと考えたこともなかったと、きっぱりと言っていた。彼女は1950年代後半のある日までは、ごく普通のクリスチャンであった。

その日、彼女は座って友人に手紙を書いていた。突然、彼女は心的メッセージを受けたように感じた。「あなたの手をそこに置いたままにして、何が起こるか見ていなさい」と言う声がした。ほとんど同時に、彼女の手はただペンを握っているだけなのに、勝手に字を書き始めた。そして〝ゴードンから愛をこめて〟と文字が記された。

「誰がこれを書いているの？」と彼女は思った。するとペンが答えた。「私です。ゴードン、ゴードンです」。4日後、彼女は勇気を奮い起して再び同じようにペンを握った。すると30分にわたってペンは書き続けた。彼女には、それは「ゴードン・バーディック」とまったく同じ筆跡のように思われた。実は彼は15カ月前、彼女と結婚するためカナダのバンクーバーを出発する準備をしていた。しかし乗船予定の前夜、彼は急死したのである。

彼女は教会の仲間に頼んで、自動書記によって書かれたサンプルと、生前のゴードンの書いた手紙を一緒に筆跡鑑定の専門家F・T・ヒリガンのもとに送った。後日ヒリガンは、2つの筆跡は同一人物によって書かれたものであると報告した。】

グレイス・ローシャー氏の著書『ゴードンより愛をこめて　自動書記による他界との通信』（平成12年、野村安正訳、中央アート出版社）には、グレイスとゴードンの写真の他、自動書記の手のクローズアップ写真、霊界通信の文、グレイスの書いた紙面の写真などが載っています。

自動書記によって書かれた文書と霊媒役になったグレイスの日常の文書とを見比べれば、両者の筆跡がまったく異なることがわかります。なお、この自動書記は霊媒がペンを握るのではなく、ペンが霊媒の親指の上に乗っただけの状態で書かれたとのことです。

英国では自動書記によって作られたスピリチュアリズムの貴重な文献がいくつもあります。その筆頭は霊媒ステイントン・モーゼスによる『霊訓』です。モーゼスは病気のためにキリスト教の牧師職を断念していましたが、自分が受け取る通信内容がモーゼスの絶対的に信仰していたキリスト教の教義と正面衝突するようになりました。

モーゼスが戸惑い、霊に不満をぶちまけて質問すると、通信霊団の最高指導霊のインペレーター霊が自動書記でこれに応えました。あくまで忍耐づよく丁寧に、真実の霊的真理を教え諭《さと》すような通信の内容でした。モーゼスと霊との自動書記による論争は10年近く続きましたが、最終的に得心ができて、モーゼスは1883年に『霊訓』を出版しました。この本は西洋各国で〝スピリチュアリズムのバイブル〟と呼ばれています。

また、霊感書記による著書として有名な『ベールの彼方の生活』を出した霊媒・ジョージ・オーエンは、霊界通信を受けた当初は牧師をしていました。オーエンが霊界人から入手した通信はモーゼスの通信と同様に、従来の形骸化したキリスト教の人工的な教義の弊害を指摘し、代わってイエス・キリストの説いた霊的真理の本当の意味を改めて説いていました。また、この通信は地球浄化の計画という目的のために組織された霊団からのものであり、その総指揮者がイエス・キリストであることも伝えていました。

25年の長い年月をかけて、霊界通信した内容を信じることにしたオーエンは、これを書籍にして公表しました。このことによりキリスト教会の長老の怒りを買ったため、彼は自ら牧師の職を辞したのでした（近藤千雄著『人生は本当の自分を探すスピリチュアルな旅』ハート出版、『スピリチュアリズムと宇宙哲学』現代書林より）。

なお、外国には自動書記現象によって霊媒が知りもしない外国語で紙に霊のメッセージを記述する事例が、少ないながらも存在しています。たとえば、仁宮武夫《にみやたけお》氏の著書『超心霊世界の神秘』には、アメリカの有名な霊媒マージャリーの自動書記により霊媒自身も交霊会の参列者も学んだことのない漢字で記された文書の写真が掲載されています。

8 亡兄があの世から心霊研究を支援

元外交官の仁宮武夫氏は、欧米で盛んだった心霊研究を外国滞在中に知り、英国の心霊治療家ハリー・エドワーズ氏らとも交流を持って心霊研究を行ないました。氏の著書『超心霊世界の神秘』（昭和56年、日本文芸社）に、ボストンの外科医クランドン博士夫人マージャリーが心霊に関わるきっかけを紹介する文が載っております。これは降霊の背景を知るのに役立つので、少し長くなりますが、その一部を要約して引用します。

【クランドン博士は、ハーバード大学の医科で約20年も外科教授をしていた学者であった。博士は、無神論者で、もちろん、死後の生存なんかは信じていなかった。ところが、イギリスの偉大な物理学者、オリバー・ロッジ卿《きょう》がアメリカに来て、死後生存について講演したとき、クランドン博士は、その講演を聴いて迷いはじめた。なんといっても、ロッジは高名な科学者であって、このような科学者がはっきりと霊界の存在を説いたからだ。博士は次第に頑固な不信から死後生存を信じるようになってきた。

妻のマージャリーはこの問題にはじめから、てんで興味がなく、夫の新しい道楽を笑っていた。もちろん、彼女自身に心霊的な経験はなく、その方面の知識もぜんぜん持ちあわせていなかった。夫クランドンは、霊界のことにだんだん熱中して、妻や友達にもその話をするようになった。マージャリーはあきあきしてきて、イライラしていた。

「私は、それがどんなにバカらしいものかを夫に知らせたいと思って、ボストンの心霊教会の牧師と逢う約束をしました。その牧師は霊媒で、翌朝来るように言われました。けど、私はみんなバカげた迷信だから何も起きっこない、と思っていましたので、翌朝、約束の教会に行くときにも、友達と一緒に馬で行き、無作法な乗馬服のまま訪ねたのです」

2人は牧師の書斎へ入った。牧師がトランス状態に入ると、マージャリーの人生が一変するようなことが起こった。1、2分すると、2人の人の低い声が、無意識になった霊媒の口を通して話しはじめた。2人ともウォルターと名のったが、1人は死んだ叔父のウォルターで、もう1人は兄のウォルターのようだった。彼はエンジニアだったが、もう汽車の事故で死んでいた。

マージャリーはおもしろいと思った。だが、これはすばらしいトリックに違いない、と思った。それにしても、どうして霊媒が自分の叔父や兄の名前を知っているのだろうか。それで、彼女は聞いてみた。

「あなた方の1人は、私の兄のウォルターだ、と言っていますが、そうだとすると、何か本人だ、という証拠を示してください」

彼女は、友達のほうをふり向いて、顔を見合わせながら待って、乗馬用の長靴をぬいだ。ウォルターが言った。

「ぼくは、かつて君と2人で、カナダで馬に乗っていたときのように、乗馬靴で困った目にあわないように祈っているよ」

それから彼は、その日乗った2人の馬の名を正しく言った。マージャリーは驚いた。あとで彼女はこう言った。

「彼が、私の長靴についての苦労を語ったのはまったく不思議です。というのは、それを知っているのは兄と私だけだし、もちろん牧師がそのことや、馬の名を知っているはずがありませんものね。

ウォルターと私は、その頃、カナダの牧場に住んでいて、私の馬が泥沼にはまり込んで困ったことがありました。私が馬から降りようとしたそのとき、おバカさんにも、足がくっついてしまいました。私は非常にきつい乗馬靴をはいていたので、足を抜きだすことができなかったのです。それで、ウォルターが降りて、ポケットナイフで靴を切って、私の足からはずしてくれたのです」

それからウォルターは、彼女にこう語った。

「自分は、死後生存の証拠を示すグループに加わっている。だが、これは科学的な方法でやりたい。人間が、物質科学ではどうしても説明できないことをやってみせて、死後生存を立証したい」

そしてウォルターは、彼女にその実験を理解し、忍耐強くやる友達のサークルをつくるように話した。マージャリーは、自分の予期していたこととは、まるで反対の結果になったので、いささかとまどい、このことを夫に話した。夫はウォルターの言うとおりにするようにと語り、マージャリーは、これに同意した。】

その後、マージャリー夫人は友だちのサークル（交霊会）で自ら兄ウォルターの霊媒となって、さまざまな心霊現象（テーブル浮揚、自動書記、直接談話、一部物質化霊、物品移動、霊の指紋作製など）を行なうことになりました。また、マージャリー夫人は心霊現象の研究に非常に協力的な人としても有名になりました。30もの国々から自宅に来た専門家や学者による心霊調査に協力し、自分からイギリスへ出向いて心霊研究会の実験会も開催しました。

心霊研究家浅野和三郎氏は、昭和3年にロンドンで開かれた世界神霊大会に日本の代表として参加し、その帰途、アメリカのボストンでマージャリー夫人に逢いました。氏は夫人の心霊実験で、物質化した霊の指が歯科医の用いる柔らかな蠟《ろう》にその拇《おや》指の指紋を残す場面に立ち会い、指紋の押された蠟を3つ日本に持ち帰っています。この指紋は生前残した指紋と一致することが立証されているとのことです。

日本における霊的存在との交信を記した書物は、以前は未浄化霊や守護霊などの人霊、動物霊によるものが中心でした。神仏との交信については、霊能者が神殿などの前で一定の儀式を行ない、神仏から、どちらかというと仰々しく御託宣《ごたくせん》を受け取るというものでした。自称霊能者がこの方式を採用して暴利を得ていたこともあったようです。

最近の書籍には、「私は神様（神社の祭神や観音菩薩、不動明王など）と話をすることができます」とか「神からのメッセージです」などと、神や宇宙の高次元の霊的存在（宇宙人）との会話内容やメッセージを記しているものがあります。これをどう理解すべきでしょうか。

この点について、『吉田綾霊談集・上』（公益財団法人日本心霊科学協会）には、

【この神々は、如何に心境の高い霊能者に対しても、我、神なり、と言って御神託などは決してなさいません。もし、御神託があるとしたら、その霊能者の肉体及び霊魂は、その光と熱と振動とによって、木端微塵に砕けてしまうでありましょう。】

と記しています。

これと同様のことが日本心霊科学協会会員・秋田誠一郎氏の著書『「因縁祓い」のテクニック』（1981年、徳間書店）に次のように述べられています。

秋田氏の知り合いの小林さんには高龗神《たかおがみ》という龍神が背後霊としています。この神霊は大山祇大神《おおやまつみ》と一緒に、神奈川県の大山にある阿夫利《あふり》神社に祀られています。小林さんにとってこの高龗神は背後霊ですから日常よく接触しているのですが、ある時、この高龗神を通して主祭神である大山祇大神との接触を計ってみたのだそうです。すると彼は精神統一中に、突然体に高圧電流が流れるようなショックを感じて、ドシンと後ろへひっくり返ってしまいました。この場合は大山祇大神と直接接触しようとしたわけではなく、中継の高龗神を通して行なったのですが、それであっても、こんなふうになったといいます。

また、秋田氏の霊能を有する妻が、ある神霊と直接接触をしてもよろしいでしょうか、と背後霊に伺ったところ、「もしそんなことをやったら、お前の体など吹き飛んでしまう。頼みごとがあるのなら、私を通しておやりなさい。中継して上げます」と注意を受けたというのです。

また、『人生は本当の自分を探すスピリチュアルな旅』（近藤千雄《かずお》、ハート出版）には、高級霊は地上の人間が付けてくれる尊称を自ら名のることは絶対にないし、ましてや、呼ばれてノコノコ出てくる気遣いは毛頭ないから、それらはデタラメの創作ものか、百歩ゆずって霊からの通信であるとしても、それはよほど低級な霊によるイタズラであるとみて、取り合わないほうがよい、と記しています。

近藤氏とは少し別の見解として、霊能者・開堂慈寛《かいどうじかん》（1952年生まれ）氏の著書『霊媒《ミディアム》神秘修行イギリスへ』（2014年、道出版）には、

【この世には、自分はキリストやマリア様とお話をしたとか、お話をしていると信じている人が何万人といると思われます。本当に話をしている人もいるかもしれませんが、実は修道士やシスターである可能性が大です。なぜ、彼らが自分本来の姿でなく、信じている人物の姿で現れるのかは定かではありませんが、とにかく、姿形よりメッセージの内容が重要だということで

す。この真実を忘れないようにしなければなりません。相手が宇宙人でも天使でも同じことです。】

と記されています。

なお、開堂氏はある相談者から、「自分に神様と仏様が降りて来て話しかけてきますが、神様は標準語で仏様の方は関西弁です、本当の神様と仏様なのですか」という質問を受けたそうです。さっそく霊査すると、神様は神主で仏様は関西弁で話すお坊さんであることがわかったとのことです。氏はたとえ通信の内容が正しくても、神様とか仏様がこういっているという言い方は止めるようにと伝えています。

ちなみに、筆者は、霊能者によって書かれた本が本当かどうかの最大の判断根拠のひとつは、「本物の霊能者は他の本物の霊能者らと幅広く交流ができる」ことだと考えています。このことからすると、あまりに断定的に述べている出版物に接するときはできるだけ慎重に構えて安易にのめり込まないよう注意すべきだと申し上げておきます。

この章の最後に、これまでスピリチュアリズム啓蒙の流れを大きく牽引してきた代表的霊界通信である『シルバー・バーチの霊訓《れいくん》』についてふれておきたいと思います。

シルバー・バーチとはどんな霊なのか、何を私たちに伝えたのかなどの詳細は、翻訳者の近藤千雄氏などの著書に譲るとして、シルバー・バーチが霊界から地上界を見て、自分の思想の伝道師に相応しいと白羽の矢を立てたという英国人モーリス・バーバネル氏について考えてみます。

霊言内容の驚異的な崇高さのほかに、次の点から信用性が担保できるのではないかと考えます。

第一に、バーバネル氏を霊媒にした交霊会は秘密裡でなくオープンに開催されていたので、希望すれば誰でも交霊会に参加できたということです。

第二に、確かに霊媒バーバネル氏が入神状態にあることを確認させるために、バーチが出席者に霊媒の手にピンで強く差してみろと一度ならず命じたことです。手から血が流れ出ても、入神から目覚めたバーバネル氏には痛いという記憶がなかったのです。

第三に、バーチが霊媒バーバネル氏の交霊会に出続けたのは、人間側から呼ばれてノコノコ出たのではなく、一貫して霊的教訓を地上に普及させる使命に基づいていたことです。

第四に、バーバネル氏は聖書を読んだこともない無神論者であるのに、霊言には深い神の愛が語られていることです。

5章

「前世・過去世がある」はほんとうか？

——人間は誰もが環境も国も性別も異なる
生まれ変わりを何度も経て魂を成長させるという

1　催眠術による過去世調査

日本人やインド人にとって輪廻転生《りんねてんしょう》、つまり生まれ変わりは宗教（ヒンドゥー教、仏教）の影響もあって、比較的受け入れやすく、これを肯定する人は少なくないのではないかと思います。

生まれ変わりの話は、宗教観と相まって古今東西に存在します。しかし、生まれ変わりの科学的研究は、19世紀の中頃から始まった欧米の心霊研究の中では比較的新しいものです。

1950年代に、英国、米国で催眠を医療に使用することが医学界で正式に認められるようになり、「催眠療法」が精神的外傷（トラウマ）を持つ患者に施されました。その際、幼少時をさらに遡って、「前世」と思わざるをえない事柄を患者が語り出すという現象が認められ、そこから「前世療法」が世界的に精神治療の場で取り入れられるようになりました。

催眠療法によって被術者が前世を語ることこそ、人間が生まれ変わる証拠であると考える人は多いようです。ただ、そう考えてまったく問題がないというわけでもありません。催眠術はテレビで見る機会がありますが、施術者が「あなたは蝶々になりました」と口にすると、被術者は蝶になったつもりで蝶の動作を行ないます。それならば、術をかけて、「あなたの前世は武士ですか、刀さばきを見せてください、当時はどこの藩に勤めていましたか」とか話しかければ、被術者は前世が武士であろうがなかろうが、刀をカッコよく振り回し得ます。あるいは被術者がフィクションのストーリーを作って武士らしく語る可能性もあるように思います。

また、催眠術にかかっている状態は、霊が憑依しやすい状態にあると考えれば、低級霊が被術者に一時的に憑依し、その口や体を借りてこの世の人間を騙すことはあり得るでしょう。

催眠状態で前世の自分の様子を詳細に語った内容は、憑依した低級霊がでっち上げたものであるという他界の居住者の意見もあります。

催眠状態で自分の過去世のことを語るとき、その当時の自分の国の言語を話す、しかも一方的ではなく会話することができる（応答型真性異言といいます）のなら、生まれ変わりの信ぴょう性が一気に高まります。前世療法セラピスト、稲垣勝巳氏の著書『「生まれ変わり」が科学的に証明された！』（2010年、ナチュラルスピリット）には、これに関する事例が記されています。この書はネパール人男性の前世をもつ日本人女性の事例を詳細に検証しています。その女性に退行催眠をかけると、本人のまったく知らないネパール語が発せられたといいます。

これは応答型真性異言の事例ですが、米国のイアン・スティーヴンソン博士も数件調査しています。ただ、この場合は、流ちょうに他言語を語るのではなく、一方的に被術者が語るだけの場合が多いようです。

退行催眠の驚くべきことは、過去世を語る被験者に「先に進んで何が起こったかを教えてください」と指示すると、自分が苦しむ原因を探るために過去世の中で、時期を選んで遡り、その頃の状況をも語ることです。

さらに退行催眠で判明するのは、過去世で出会った恋人や師弟、親子、兄弟などと〝ソウルメイト〟として、再生を繰り返すなかで何度も関係を変えては出会うことです。たとえば、過去世で自分の子だった人が現世の妻になるといったこともあるようです。そこで対立やあつれきを経験しながら魂の向上を図る機会が仕組まれているといいます。

それにしても、退行催眠中に見えた子どもが現世で妻になっているとしたら、どのようにそのことを判断できるのでしょうか。判断ができるということは、退行催眠中に見ている遠い過去の情景の映像を、脳ではなく魂が認識するため、外見からは読み取れない魂の情報まで理解することができるからかもしれません。

ただし、催眠術による過去世調査の結果をすべて輪廻転生の証拠と信じるのは危険です。地名や人名などが実際に存在したり、本人の話せない言語を使用して昔の出来事を話したりしても、また、その発言内容が調査の結果、事実であることが判明しても、それが当人の過去世の出来事である証拠と断言することは早計でしょう。これについては慎重に判断することが必要です。

高級霊シルバーバーチも、催眠術によって必ずしも過去世とコンタクトできているわけではないと指摘しています。催眠術の被術者には潜在的願望があり、必ずしも施術者の暗示どおりに反応するとは限らないし、霊に憑依されている可能性だってあります。催眠中に体外遊離が起きて、その間の一連の記憶が印象づけられていることもあるといいます（参考『霊は実在する、しかし』平成12年、近藤千雄、潮文社）。

ちなみに、著名な霊能者D・D・ホームは再生問題について、

【光栄なことに私はこれまで少なくとも12人のマリー・アントワネット、6人ないし7人のメリー・スコットランド女王、ルイ・ローマ皇帝ほか数え切れないほどの国王、20人のアレキサンダー大王にお目にかかっているが、横町のおじさんだったという人にはついぞお目にかかったことがない。もしもそういう人がいたら、ぜひ貴重な人物としてオリにでも入れてほしいものである。】

と、述べています。

なお、20世紀最大の霊能者といわれる米国のエドガー・ケイシーは24歳頃から67歳で亡くなるまで、自分自身の催眠状態による霊的能力（リーディング）によって、多くの病める人の健康だけでなく、職業の適性などの相談事にあたっていました。リーディングには転生の事例も大量にあり、現世の悩み事や苦難には、過去世のカルマに起因していたものがあることが判明しています。

2　生まれ変わりの仕組み

どのような仕組みで生まれ変わるのかについては、詳しくはわからない点が多く残っています。従来、再生（生まれ変わり）は同一意識体（魂）がそのまま生まれ変わるという全部的再生説（完全再生説）が有力でした。その中には伝統的宗教観から、カルマ（業《ごう》とも因果ともいいます）によって動物や虫などに生まれ変わるという見解も含まれます。

しかし、現在の主流の見解は、英国の古典学者で心霊研究家として英国心霊研究協会を設立したフレデリック・マイヤース氏の部分的再生説が有力です。これは氏が死後、女性霊媒ジュラルディーン・カミンズ氏へ霊界通信を送って明らかにしたもので、類魂《るいこん》説をもとにしたものです。類魂（グループ・ソウル）の中に溶け込んだ魂が、類魂の一部として再生するという考え方です。

この見解は現世生活の不公平、不平等を解明するだけでなく、長い年月に亘って魂が向上進歩の途をたどるのに適した再生のあり方であるといいます（『永遠の大道』浅野和三郎訳より）。

「部分的再生説」の概略は次のとおりです。

死後に肉体から離れた魂は、しばらく地上に留まることはあるにしても、最終的に霊界で「類魂」という集合的な魂の中に加わります。霊界入りした霊魂は、同じ階層にいる霊たち（霊界の低い階層では20人くらいで、高い階層ほどその数が増えます）と惹き合って一体化し、霊的グループを形成するようになります。

さらに、その霊たちの心まで一体化して霊的家族というべき「大きな意識体（心）」となります。その結果、類魂の中では、何十人もの「他人の心」が私の心とひとつになって、「私の心」となります。

このような「部分的再生説」から見た再生は、類魂の中で不足した学びにチャレンジするため、地上に出ることを希望する霊魂が類魂から分かれて肉体に宿ることです。同一霊魂の繰り返しの再生でなく類魂としての再生によって、類魂中の他の霊魂の人生の記憶や経験も共有するため、自分が経験した人生と同じ結果になるといいます。

問題は自己責任といわれるカルマについてです。生まれ変わるのは前世とまったく同一の私ではないのですから、前世でこしらえた私のカルマは自分と同系の他の魂が引き継ぐことになります。

１人ひとりが地上生活を終えて魂が類魂に吸収されるに従い、類魂は大きく成長して神の世界（神界）へ入っていきます。

ただし、例外的に同一霊魂がもう一度地上生活をする場合もあります。それは地上であまりにも動物的、原始的に過ごしたため、課目を卒業することのできなかった落第生の霊魂が再び同一霊魂のまま生まれることもあるということです。

このような部分的再生説に立つと、自分の前世とは自分と同系の霊魂のひとつが、かつて地上で送った人生を指すものになります。その場合、退行催眠で「私は前世××で過ごしていた」という証言や、霊能者が霊視で自分の前世の人物を指摘する事実をどう解釈すればいいでしょうか。

退行催眠や霊能者の霊視による発言を仮に信用するとしたら、こう考えられます。

意識が僅かな顕在意識と大部分の潜在意識で構成されるように、人間の人格は顕在するひとつの主たる人格と潜在する多数の従たる人格で構成された複合的人格で成り立っています。

類魂説を前提にした部分的再生説は、長い年月のなかで人間の魂が成長していき、神界へと入ってゆくという内容ですので、樹木と似たところがあると考えられます。そうしますと、自然界はすべて相似形になっているというフラクタル理論は霊魂にも当てはまることになります。

わかりやすく説明しましょう。樹木の幹を神々あるいは神界とし、1人の魂を1枚の葉とします。1年を通じて若葉が芽吹き、葉が茂り、枯れて地上に落ちて土に還ります。樹木の根から土の養分を吸って幹の年輪がひと回り大きくなります。このような樹木のあり方と比べますと、神の分け御霊《みたま》といわれる人間の魂も生まれ変わりを繰り返すなかで一回り成長していくとともに、死後に所属する階層も一段上の階層へと進み、最終階層の神界（神々がいる世界）が順次ひと回り大きくなります。それだけでなく、地上に再生される霊魂も前回地上で過ごした魂とはまったく同一ではないと考えられる点では樹木と似たところがあります。

右のように考えられますから、医師の内海聡氏が著書『魂も死ぬ』（2015年、三五館）で、死後に存続する霊魂を否定する根拠として、内海氏は霊魂が自然界と相似形（フラクタル）になっていない点を挙げるのは、霊魂の理解の相違ゆえに賛同できません。

3　生まれ変わりとカルマの関係

①生まれ変わりの目的

人間は死ねば生まれ変わるというのは誰にでも当てはまるのでしょうか。人間は誰もが生まれ変わるというのが通説ですが、必ずすべての人が再生するわけではなく、一部の人間は再生しないという見解もあります（岡田建文氏、中川昌蔵氏ら）。神道家の山蔭基央氏も著書『神道の神秘』（春秋社）で、

【あまりにも不完全な霊魂は、再生不能に陥ることがある。そういった霊魂は幽界の下層へ落ちて再生不能になったり、時には動物に憑依して再生の類似行為をしたりする。】

と述べています。

「あまりにも不完全な」という意味はよくわかりませんが、〈もっとも憎むべく、かつ改悛の見込みのない劣悪な〉（『奇蹟の書』岡田建文より）霊魂は、暗黒界（いわゆる地獄界）か

ら抜け出ることが困難という意味でしょうか。肉体の死後は抹消される霊魂もあるという見解も有力です。

なお、個人的感情で、自分はこの世でつらいことばかりだったから、生まれ変わりたくはないという願望は通用しないでしょう。人の魂には良心が内在化されており、この世で生活しているときは良心が潜在していた人でも、霊界へ魂が移行すると、良心が活性化して地上生活を反省するようになっているからです。死後に、生まれてから死ぬまでの自分の人生を見せられる機会もあるようです。

生まれ変わりに前世のカルマの影響があるのか、あるとしたらどのような形で表れるのかは、生まれ変わりを肯定する立場にとっては重要な問題です。カルマとは、人間がある行為をしたことが原因となってある結果が生じるという因果関係のことです。一般には、因《いん》縁《ねん》とか業《ごう》などという言葉と同じ意味で、これは神の摂理としての法則と考えられています。カルマには良いカルマもあれば、悪いカルマもあります。

前世のカルマの問題は、たとえば、前世で多くの人を虐待し、残虐非道の数々を行なって死亡した人が生まれ変わったとき、その人は〝前世の因縁〟として厳しい人生を歩むのかどうかということです。心霊学の立場はこれを肯定すると同時に、生まれ変わるのはカルマを解消するためでもあると考えられています。

そもそも、**なぜ人間は生まれ変わるのでしょうか**。スピリチュアリズムや神道では、生まれ変わりの目的は第一に、**魂の成長のため**と考えられています。霊界は想念の世界ですから、自分の望んだものが瞬時に出現するだけでなく、自分と霊性のレベルが近い人が周囲にいるため魂を鍛えるには不向きであり、地上界こそ魂の鍛錬の場に相応《ふさわ》しいからです。

鍛錬の内容としては、前世のカルマを解消すること、地上人生の試練に挑戦すること（たとえば、イヤな人がいる職場に今日も出勤すること）、人に喜ばれることを行なうことなどです。また、何もできなくても和《なご》やかな笑顔をつくること（和顔施《わがんせ》）、悪口・不平不満・愚痴・泣き言・文句のいずれも言わないこと（五戒《ごかい》）などです。

ちなみに、『苦しみを選ぶ「勇敢な魂」――病気、障害、事故、愛する人の死は、生まれる前に決まっていた』（2009年、ロバート・シュワルツ、菅靖彦訳、ソフトバンククリエイティブ）には、試練を自分に課することによって共感、思いやり、愛の大切さなどをより一層学び、以《も》って魂を向上させようとする人生を自らあの世で計画した10人の事例が載っています。

それ以外にも、地上界をより発展させる（**地上天国を作る**）ためであったり、前世で行なっていたことが不十分なまま死亡したことから、この世にもう一度生まれ変わって希望を叶えるためであったりします。たとえば、前世でのピアノ演奏者としての人生がまったく納得できなかったから、来世でもう一度ピアノ演奏の人生を過ごしたいという思いが叶って生まれ変わり、子どもの頃から天才的なピアノ演奏を行なったという事例が出てきます。

霊魂があの世にいるとき、次の人生を計画してから再び地上に誕生する、と多くの信頼性の高い心霊書に記されています。それを踏まえますと、私たちの現世での人生は、魂を向上させるために前世での人生の誤りをどのように修正するかをメインに計画して作られたものといえます。その計画は地上に生まれると忘れてしまいますので、私たちは1人ひとり、それぞれ特有の宿命をもって地上界を過ごすことになります。どんなに努力しても自分の思うように事が上手く進まないことがあるとしたら、この宿命がネックになっているのかもしれません。

私たちは、この地上界では出生時から大いなる不平等の中で生きます。発展途上国で過ごす、リッチな家に生まれ、しかも働かずに欲しい物はすべて手に入る毎日を過ごす、心身に重い障がいをもって生まれる、真面目で勤勉であるにもかかわらず災厄が続く。こうした不平等は、前世、過去世の生き様と無縁ではないと、多くの心霊書は語っています。

生まれ変わりの主な目的はカルマを解消するためでありますから、現在の不平等による苦しみやそれ以外の眠れないくらいの苦しみも大抵はあの世で自分が立てた計画と関連しているはずだと考えて、これを甘受することが基本であると考えられています。

②エドガー・ケイシーレポートの提示事例

米国人エドガー・ケイシー（1877〜1945年）の超能力、霊的能力は、自身を催眠状態において相談内容の回答を述べるリーディングというものです。当初は肉体の健康に関することが多かったのですが、前世、過去世の情報もリーディングできることがわかり、リーディング情報は広範囲に及んでいきました。その記録は大量に保管されていて、ケイシーの研究に役立っています。

その事例を多く取り上げたジナ・サーミナラ博士の著書『Many Mansions』（1950年、邦訳版『転生の秘密』たま出版）から、前世のカルマの事例をひとつ紹介します。

それは夫が結婚早々から大酒を飲み、次から次へと女をつくるので悩んでいる夫人の事例です。その女性は横暴な夫に耐え、貞操を守っていましたが、性病を夫から移されたのでした。
リーディングにより、この夫人には次のような前世の事情（カルマ）があることがわかりました。この本には次のように記されています。

【彼女は当時ペリーの一行が（注）日本の開国のために黒船で）来日したとき、そのなかの一水夫と日本女性との間に私生児として生まれたのだった。おそらく、このように誕生した自分をよるべなきものと感じたのであろう。大人になると快楽の生活へと身をもちくずすようになり、ついには交わる多くの男たちにいかがわしい病気を感染させる源泉となったのである。リーディングは「この影響は非常に大きいので、彼女は今その報いを受けているのである」と言っている。】

この本からもうひとつ、魔女裁判により魔女の嫌疑で投獄された婦人を次々と犯した牢番人の過去世を持つ人の事例をとり上げましょう。
その牢番人は、今世では猛烈なテンカンの発作におそわれる11歳の少年として生まれ変わっていました。しかも、母は父に捨てられて窮乏状態に陥っていました。彼は左半身の自由がきかず、また言語をしゃべる能力もありませんでした。1人で着物をぬいだり着たりすることができず、大小便も自分ではできませんでした。肩は前にこごみ、2、30分ごとに起こる麻痺が2、3日もつづくと、頭をまっすぐにあげていることも1人で座っていることもできませんでした。

4 カルマの法則

大事なことは、現世で苦しむ人生は決して神が罰として与えられたものではないということです。**自分で蒔いた種の実りは自分で刈り取らねばならない、というカルマの法則**はイエス・キリストが述べました。この法則がありますので、私たちは生まれ変わるとき負のカルマを解消するため、つらい人生になることを承知して現世に出現する仕組みになっています。

そのつらい人生の中で苦しみの原因をつきとめ、理解して、心境を高める生き方をすることが真のカルマの解消になります。よって、カルマの法則は魂を成長させるための法則でもあります。

なお、玉光神社宮司で超心理学者・本山博氏（1925〜2015年）は、カルマを超える法として「超作」が必要という見解を『カルマと再生』（昭和62年、宗教心理出版）で述べています。超作とは簡単に言いますと、このようなことです。自分がある結果を求めて行為をすると、自我があるため、自分が行為をするのではなく、神が行為をさせてくださるのだから、自分は一生けんめいするだけでよい。その結果には執われず、どのような結果が生じようと、神の恵みとして受け入れる。そうすることで自我を捨てて行為することができるというものです。

カルマの法則は過去世で他人の肉体に危害を加えたのと同等のものを現世で受けるという単純なものではないようです。かなりデリケートな問題なので、山村幸夫氏の著書『神からのギフト』にある氏の見解を紹介するだけにしておきます。


【たとえば、体の欠陥、不自由さをあざ笑ったのであれば、あざ笑った相手と同じ条件の体を、来世では授かることになってしまうのです。わかりますか？　人をあざ笑う心の根底にある差別、自己優越感を正すには、これぐらいの体験が必要というわけです。

いいですか。どんな人だって、［裡《うち》なる神］の内在する神なのです。みんな、カルマの実りを刈り取りながら、神性を発揮し、向上するのに必死なんです。その真摯《しんし》な姿に向かって、あざ笑いの目付きと言葉を投げ付ける態度は、人間としてもっとも恥ずべきことなんですよ。】

ちなみに、エドガー・ケイシーの研究書にも、右の文が当てはまる事例が載っています。

5　前世を記憶している子ども

歴史的に、前世を記憶している子どもが、少ないながらも古今東西に存在してきました。日本でも、江戸時代後期の武蔵の国の多摩郡、今の八王子市にあった「勝五郎の再生」譚はよく知られています。この譚は国学者平田篤胤《ひらたあつたね》（１７７６〜１８４３年）が最初に著書に記し、また、明治時代には小泉八雲も著書で紹介したため、よく知られています。

勝五郎は、文化12年（１８１５年）に生まれましたが、８歳のとき、「私はもとは６つで死んだ藤蔵《ふじぞう》というのだ」と、兄弟に言ってしまったことをきっかけに、再生が周囲に知られました。

勝五郎の語った話は、ごく簡単にまとめると次のとおりです。

霊魂となった藤蔵は、ある正月、あの世で白い着物を着たお爺さん（死後の世界を指導してくれる霊界人）に連れられて、勝五郎の両親の家の前を通り、お爺さんから、「この家に入って生まれよ」と言われました。そのため、お爺さんと別れて、庭の柿の木の下で様子を伺っていました。

3日目に窓の穴から家の中へ入り（㊟人の体ではなかったからなのでしょうか）、かまどの側でまた3日間、機会を伺っていて、ついに母の体に入りました。勝五郎が生まれたのは、その年の10月10日のことでした。

『心霊研究』誌によると、この再生譚に関心のあった日本心霊科学協会の有志メンバーが、昭和40年代初頭に勝五郎と藤蔵のそれぞれの墓を探し出して写真に撮り、勝五郎の姉の直系の子孫などにも会って勝五郎にまつわる話を聞いています。なお、勝五郎の墓には没年明治2年（1869年）2月4日と刻まれており、また、そのときに見つかった勝五郎の結婚後の屋敷は、今にも潰れそうな藁葺《わらぶき》屋根の廃屋になっていました。

ヴァージニア大学医学部教授イアン・スティーヴンソン博士は、前世を記憶している多数の子どもを科学的研究方法によって調査したことで有名です。博士の著書『前世を記憶する子どもたち』（平成2年、日本教文社）では、博士が世界の至るところへ出向いて、そういう子どもと面接し、子の語る内容を徹底的に検証したことが記されています。

スティーヴンソン博士の研究内容は、後述する森田健氏の著書『生まれ変わりの村』の事例と類似するところがかなりあります。そのひとつの「ボンクチの事例」に関して言えば、死んだ後、その魂は木の上にいたとか、魂が男の人に付いて行ったら妊娠している女性がいて、そのお腹の中に魂の容器となる自分の肉体があり、付いて行った男の人は現世の自分の父だったと記されている点が類似しています。

ボンクチ・プロムシンは、1962年2月12日に、タイのドン・カ村で生まれました。父親はドン・カ村近郊のある学校の校長を務めていたため、ある程度の教育は受けていました。話ができるようになった2歳頃に、ボンクチは前世について話し始め、徐々に具体的な内容を家族に話して聞かせるようになりました。その内容を要約して記します。

【自分は、もとはチャムラットという名前で、（ドン・カ村から9キロほど離れた）ファ・タノンという村で生まれました。前世ではナイフや自転車などを持っていて、家で2頭の牛を飼っていました（ボンクチの家族は牛を飼ってはいませんでした）。村祭りの日に、ふたりの男に殺されました。死んでから、現場付近の樹上に七年ほど留まっていました。ある雨降りの日に、現在の父親の姿を見つけ、バスに乗って自宅に帰る父親に付いて行きました。】

ボンクチの父親がその後思い出したところでは、妻がボンクチを妊娠してまもない頃、ファ・タノン村まで出かけたことがあり、その日は雨が降っていたというのです。母親はボンクチを妊娠する前に殺人現場周辺に筍狩りに出かけたことがありましたが、ファ・タノン村のチャムラット一家が住んでいる地区には一度も行ったことはありませんでした（注わかりやすく説明しますと、この記録から推測されるのは、雨の降る日に、チャムラットの霊魂が男の人に付いて行って、その家の妊娠した女性の中に入り、ボンクチという名の子どもとして生まれ変わったということです）。

その後、ボンクチが語った内容は、チャムラットの家族にも伝わり、ボンクチが2歳半頃家族の何人かがボンクチに会うためにドン・カ村までやって来ました。それからボンクチは、家族とともにファ・タノン村に出かけました。このように行き来をするようになって、ボンクチが前世について語った内容のほとんどが事実と確認されたのです。

この記事が1965年3月にタイで発行される新聞各紙に掲載され、スティーヴンソン博士の知るところになったのでした。博士による調査の結果、ボンクチは当時、手を洗うときなどに、家族の者からすると、とても不潔な行動を取ったことや、両親には理解できない言葉をかなり使っていたことがわかりました。とくに後者については次のようなことであることもわかりました。

チャムラット家はラオス人であり、ボンクチが口にしていた聞き慣れない言葉はラオス語だったのです。ボンクチの家族は誰もラオス語を使いませんので、本人がそうした言葉を通常の方法で身につけた可能性は低いのです。さらには、ボンクチが好んだ食べ物は、ラオス人が一般に好んで食べる粘り気の強い米飯でした。

この事例を含め、スティーヴンソン博士の収集した前世を語る子どもの事例は、森田健氏の著書『生まれ変わりの村』の事例と異なり、この事例の子どもたちは、言葉を発しはじめる2歳から5歳くらいの間に、自発的に前世について語るようになるものの、6、7歳頃になると話すのをやめ、徐々に前世の記憶が無くなっていくというのです。

その他にも、前世を語る子には男子が多いこと、前世で著名人だったと語る子はほとんどいないこと、前世で殺人や事故などの不慮の死、突然死などで亡くなった事例や、若い頃の病気で死亡した事例が圧倒的に多いこと、さらに、前世での死亡原因となった傷を含め、死亡時の体的特徴と類似した特徴（あざなど）が生まれ変わった人の同じ位置にも存在するといった事例が多いこと、前世で死亡してから現世に生まれ変わるまでの間隔が3年未満が非常に多いことも特徴的です。

このような事実は、霊というものが存在する明白な証拠と考えていいでしょうが、生まれ変わりの明白な証拠とみてよいかどうかは慎重に考える必要があります。

たとえば、スティーヴンソン博士の著書『前世を記憶する子どもたち』に登場する催眠状態にある被術者が語った〝前世〟の一部が、実は図書その他の資料を基にしていたというケースもあったと記しています。

6 雲の上の世界にいたという幼児

前節と極めて似ているのですが、胎内の記憶や誕生前の記憶（異次元の世界にいたとの記憶）を持っている子どもたちがいます。やはり、生まれて2～4歳頃に生まれる前のことを話してくれるといいます。産婦人科医の池川明《いけがわあきら》氏（1954年生まれ）は、お産や子育てに役立つようにと胎内記憶・誕生記憶の調査をしています。おなかにいるときの記憶をもつ子どもたちに池川氏がインタビューしてまとめた著書のひとつ『雲の上でママをみていたときのこと。』（2006年、リヨン社）の一部分を要約して引用します。

【しおたなつみちゃん（10歳）

（池川　雲の上の絵を描いてもらえますか？）

こっちのほうから雲がたって、はしっこで赤ちゃんが雲のはしをつかんでのりだすような感じで下をのぞいてて。赤ちゃんはわたしを含めて6人ぐらいで、背中に羽がはえてて、で、おかあさんをさがしているの。

（男の子とか女の子とかはわかるんですか？）

そういんのはわからない。

（どんな雲でした？）

そんなに広くなくて、白くて明るい。

（おかあさんはどうやってえらぶんですか？）
やさしそうとか、見た目とか。
（おかあさんはいつから見ていたんですか？　赤ちゃんができてから？）
できてるときかなあ。
おなかが大きくなっているぐらいのとき。】

また、池川明氏の著書『子どもは親を選んで生まれてくる』（平成19年、日本教文社）にも、次のような幼児の言葉が記されています。

【「向こうの国には子どもたちがいっぱいいいて、上から『あのママがいい』とか『かわいい』『やさしい』とかいって、みんなで見ているんだ」（2歳、男の子）
「空の上にはこんなに小さい子どもがいっぱいいて、これくらいの大きい人がおせわしてくれてて、小さい子たちは空の上から見てて、あの家にするっておりていくんだ。で、ぼくもおかあさんのいるところに決めたんだ」（3歳、男の子）
「ぼくね、雲の上にいてね、ああ、あそこの家がとってもいいな、行きたいなって思ってたん

だよ。だからぼく、ここに来たんだよ。来てよかった！」（2歳、男の子）】

このような多くの幼児の言葉には類似性が多く認められること、ある程度言葉を使える年齢での発言であることから、これらをウソというのは困難でしょう。また、小さな子の脳に偽の記憶が蓄積されて、それを真実と思い込むということも認めがたいと思います。

そうだとしても、霊能者が「あの世」について語る内容と違うことや、霊界通信によって「あの世」で暮らしている霊があの世の様子を述べた内容と違うことをどう考えたらよいのでしょうか。そもそも、これらの幼児の語る霊の世界に、さまざまな大人、高齢者が出てこないのはなぜでしょうか。

数の多さなどからみて、これらの発言をする幼児は、小さい頃に亡くなった子どもの霊のいる世界から再生したとは言い切れないでしょう。なぜなら、その幼児の前世は子どものときに亡くなった者のみならず、病気や事故で死んだ高齢者であることもあり得るからです。あるいは、居酒屋で一杯やって週末にはギャンブルでもやっていたような人が、「あの世」「死後の世界」では子どもになり、雲の上から来世の自分の母親を選んでくることもあり得ます。

考えるべきことは他にもいろいろあります。たとえば、あの世で「背中に羽がはえている」子は、まるで西洋の宗教画に出てくる〝天使〟を想定させます。あの世で背中に羽がはえた子がこの世で人間として出生した場合、どんな人間になるのでしょうか。普通の子どもから普通の大人へと成長するのか、それとも、この世を良くする特殊な使命を持った子どもなのでしょうか。

また、人間が生まれ変わる目的を考えてみることも必要です。生まれ変わるときはカルマと共にこの世に出るため、まったく自由に母親を選べるとは考えづらく、どの親のもとに生まれるかは、両親の守護霊、氏神らの関わりの中で決められるという説が日本の心霊学では有力です。

子どもが、どのような事情で生まれる前のことを発言するのかは不明ですが、霊能者による降霊（招霊）において、霊界人が「地上界とよく似た霊界にいます」といったふうに述べることはあっても、「雲の上の世界にいます」「隣人は背中に羽根があります」、と述べている事例は見当たりません。霊界は想念の世界なので、たまたまメルヘンチックな世界にいたのかもしれません。もしくは、ひとつの可能性として、メルヘンチックなストーリーを語らせようとする霊的存在が幼児に念波を送って、あたかも出生前に雲の上の世界で過ごしたかのように信じ込ませていることは想定できます。

いずれにしても、生まれる前の記憶を語っていた幼児は大きくなるにつれて、その記憶を失ってしまうことがほとんどです。私たちは出生後、脳の感覚器官を活用して過ごすので、脳が1、2歳頃のことをずっと記憶しておくことは困難でしょう。ましてや、生まれる前のことまで脳は記憶していられるのでしょうか。

注目すべきことは幼児や子どもが語る前世の内容が〝国際化〟していることです。たとえば、日本で生まれ育った幼児がイギリス・エディンバラに住んでいたと口にした事例が『NHKスペシャル超常現象』（2014年、梅原勇樹・刈田章、NHK出版）に紹介されています。

その幼児はベビーカーで算数教室へ連れて行かれて数字の書き方を初めて教わったときに、お手本の1、2、3、4……と並んだ数字の下に、同じ数字を書くべきところ、2の下に4、3の下に9、4の下に16、5の下に25と2乗の数字をすらすら書いたというのです。そして、母親の問いに「ナンバー・イズ・ベリー・ビューティフル」と流ちょうな英語を話したといいます。母親はそのときのプリントを保管しているそうですが、この場合も14歳となった現在は、前世の話をしていた記憶がまったく無いといいます。

このような事例に対し、安易に「この子の前世はイギリス人だ」などと判断することは極めて危険でしょう。私はこう考えてみました。そもそもいつの時代でも瞬時に霊が遠い所へ移動できるのなら、平安時代でも江戸時代後期でも同じように、「昔ボクはイングランドという異国に住んでいた」とヘンなことをしゃべり出して周囲に大騒動を起こしたという記録が残っていてもいいはずですが、今のところ見当たりません。

一方、地上界が進化発展し、国際社会が進むにつれて輪廻転生の地域も歩行可能な範囲から地球全土へと広がった可能性はあるでしょう。それに、ベビーカーに乗る幼児であるのに英語のみならず、数学の知識もあることから、日本に旅行に来た英国人に未浄化霊が憑いていて、たまたまその未浄化霊がその子どもに憑依して流ちょうな英語を口にさせた可能性も考えられます。

7 松太郎の転生の事例

昭和10年代に実際にあった生まれ変わりの事例として、松太郎、通称、松公《まつこう》と呼ばれるホームレス（当時は乞食《こじき》という言葉が使用されていました）の転生（再生）があります。

この転生の事実譚はもともと、安谷白雲氏の著書『生命の不可思議』（昭和28年、太平庵㊟非市販書と思われる）に記されました。その後、生まれ変わりを研究する米国のイアン・スティーヴンソン博士からの要請を受けて、女性霊能者・末広千幸氏らがこの譚の裏づけ調査を行ないました。

結局、スティーヴンソン博士の生まれ変わりの研究書には取り上げられなかったようですが、そのときの調査と安谷氏の著書の記述とを併せて末広千幸氏が記したのが『超能力入門』（昭和47年、大陸書房）です。末広氏らは年老いた著者安谷白雲氏自身や証人である関係者に取材を行ない、生まれ変わりの話が事実であることを確かめました。

なお、末広氏の本には松太郎の葬式の写真、この後で取り上げる山崎平三郎氏の顔写真、安谷白雲氏と末広氏らが一緒に写った写真なども載っています。末広氏は「証人の方々が、実に素朴でいい人ばかりなのには、私をはじめ調査にたずさわった人々の驚きでした」と記しています。

昭和28年（1953年）4月20日安谷白雲氏は、山崎平三郎氏から直接、「人間が再生する実験をした話」を聞く機会がありました。安谷氏は、世にある〝生まれ変わり〟の話をたびたび聞いたけれど、その証拠はなく、その関係者に会ったことがないことを日頃から残念に思っていたのでした。

そこで、山崎氏の貴重な話を自分1人で聞くのは惜しいと思い、台東区谷中の妙行寺住職中村日応師、所沢山口来迎寺住職安谷量寿師ら計6人と一緒に山崎氏の自宅に集まって、何枚かの写真も見せてもらい、十分に聴取したといいます。

山崎氏は昭和10年（1935年）10月11日に死んだ親友の松公（48歳くらい）に、生まれ変わりの実験をして確証をとり、関係者の写真まで撮って保存していること、松公の生まれ変わりが現在17、8歳の青年で、ぴんぴんしていることを知ったと語っています。

松公の転生譚は次のような内容です。

○死んだ親友の体に字を書く

時は昭和の初め頃、東京杉並区堀之内にある火葬場の敷地内にあった掘っ建て小屋に松太郎という人が住んでいました。

資産家の息子として両親を早く失った彼は、青年時代から酒が好きで、友人などと飲んでは支払いを引き受けていました。それを快く思わない分家の叔父さんが親族会議を開いて、その家から松太郎を追い出そうとしました。親から譲り受けた財産ですから、本来はどう使おうと松太郎の自由なはずです。しかし、松太郎は叔父と争うことを避けて、家を捨ててホームレスの道に進みました。彼は正直で、親切で、ホームレスであっても、人に物を恵むことが好きでした。

その当時、杉並区一帯の清掃業をしていた山崎平三郎という人がいました。山崎氏は仏教の信者で、世相が悪化してきたこと、また、仏教が衰えたことを憂慮していました。そこで、たまたま昭和10年10月に小屋の中で死んでいた親友の松公を見て、人間が生まれ変わるのかどうかの実験をすることにしました。

山崎氏は一心に祈願して松公の内股にこう文字を書きました。

『南無妙法蓮華経。松太郎　東京杉並区高円寺3丁目1179　山崎平三郎しるす』と。

その後、山崎氏は世田谷区新町に移転しました。1938年10月15日の真夜中に、山崎氏宅に突然、交番の警官らが訪問してきました。その警官は「大阪のお客さんを案内して来たのだ」と言います。

「大阪に知人はおりません。何かの間違いでしょう」と山崎氏が言うと、警官と一緒の客人らしい人が、

「あなたは松太郎という者をご存知でしょう」と言います。山崎氏はハッと気がつき、客

人を中に入れて話を聞きました。客人はこう言ったのでした。

「私は大阪の者で、一昨々年男の子が生まれました。その子の内股に『南無妙法蓮華経　松太郎』という文字が現れていますが、どうしてもその文字が消えません。ある晩夢でその子が、書いた人に頼めば消えると言いました。そこで、杉並区役所で山崎さんの現住所を聞いて、警官に案内してもらった次第です」と。

○消えた内股の字

山崎氏が大阪の彼の家まで出向くと、彼の家は市内で立派な邸宅を構えている相当な身分の家（㊟掲載された写真の説明文によると大阪道頓堀の銀行支店長宅とのこと）であることがわかりました。脚に文字のある子はこの家の次男でした。その子の内股を見せてもらうと、文字がありありと読み取れます。青く紫がかった色で、ちょうど入れ墨のようでした。

山崎氏が題目を唱えながら、水を含ませた脱脂綿で拭うと、文字が次第にうすくなり、見る見るうちに、跡方もなく消えてしまいました。

山崎氏は安谷氏にこう言いました。

「因縁というものは争われないものです。どうして松太郎がこの家の子に生まれたかということについて、わかったことがあります。

この人の弟が、かつて新宿駅前で唐物屋をしていました。その子どもが死んだため、彼が大阪から上京し、その葬式の後、堀之内の火葬場へ行きました。彼がそこのお茶屋で休んでいると、ホームレスが来たので、10銭銀貨を5つ与えました。ホームレスはそれをもらうと、その付近で遊んでいたみすぼらしい5人の子どもにその銀貨を1枚ずつ与えたのです。〝俺はいつでももらえるが、お前たちはもらうわけにはいかない。菓子でも買って食べな〟と。松公がこう話すのを聞いた彼は大いに感心したのでした」

松太郎が銀行支店長の家の子どもとして生まれ変わったのは、おそらく銀行支店長が松太郎の子どもたちに対するこのような言動に大いに感心したところにありそうです。

また、平野威馬雄氏の著書『お化けの住所録』（昭和50年、二見書房）には、当の松公と直接会ったことのある人の文章がありました。それには次のように記されています。

【この松公について、東京都杉並の堀の内で写真製版の仕事をしている中村四郎氏から次のようなコメントがあった。

「堀の内火葬場の松ちゃん乞食の話……あの人を私は子どものとき見て知っているのです。乞食をしていても教養のある人で、法律でも哲学でもペラペラに知っているのです。大学を出たらしいのです。昔ですから大学出の乞食というのは珍しくて、私など子ども心に良寛のような人だなと感心していました。巡査がからかって民法など聞くと、滔々《とうとう》と話すものだから煙にまかれて、お巡りさんも『ハイ、ハイ』と言ってうけたまわるようになりました。
火葬場でたくさんお金を貰うと、近所の子どもに小づかいをくれるのです。宗教家のようなところのある人でした。私が12、3歳のころ、その人は死んだと思います。大阪で生まれかわったというのは1年後のハナシです。そのころ、後日談は私の耳には入りませんでした。」

戦前の日本では死んだ子が再生したとき、それが認識できるように子どもの死体の手足、掌《てのひら》などに文字か印（〇など）を書いておくと、何年か後、身近なところで生まれた赤ちゃんに（当人の弟・妹の場合もあります）その文字や印が現れるという事例がいくつもあります。

しかしながら、このような事例だけを根拠に文字や印を持って生まれてきた赤ん坊が誰々の生まれ変わりであると安易に判断することは危険です。松太郎の事例で考えますと、堀の内の火葬場にいた浮遊霊が執念深く大阪の家まで出向いて出生児の脚に同じ字を書くいたずらをした可能性も考えられるからです。

8 森田健氏の取材した「生まれ変わりの村」

不思議研究所の森田健氏の著書『生まれ変わりの村①②③』（2008年、2009年、2010年、河出書房新社）は、衝撃的な本です。これには、森田氏が中国奥地の村に前世を記憶している村人がたくさんいるとの情報をもとに、何年もかけて取材したことが書かれています。84人と会って聴取した事例を載せており、非常に興味深い内容です。たとえば、あの世でもお金を使用するとか、牛から人間に生まれ変わった人のことが書かれています。なお、この村へ行くには飛行機、長距離バス、クルマを乗り継いで2〜3日もかかるとのことです。

この本は、宗教で示されたあの世観や、今までの心霊科学における通説的な内容とは大幅に異なる点が多くあります。たとえば生まれ変わる時期、すなわち魂が現世の新たな肉体へ移行する時期は、取材に応じた多くの中国人再生者の証言では、臨月のころ、あるいは出生の瞬間であるといいます。

ちなみに、心霊学の見解は、受胎のとき、受胎後数カ月経過したとき（つわりは母体内にある胎児に魂が宿ったから生じるといいます）、規則性は無く受胎から出産直前までの間に魂が入ったり出たりしている、という3つの説が有力です。

森田氏の2004年9月14日取材には、「同じお母さんの子どもとなって、再び生まれた男」という題で次のような男性の発言が記されています。

【死の瞬間、私は魂が肉体から離れたのが分かり、本当に死んだのだと気づきました。私の家のかまどには煙突がついていたので、私はそこから外に出ようとしました。

そのとき、お母さんは妊娠していて臨月でした。煙突に入ろうとすると、お母さんの陣痛が始まり、私はお母さんのお腹に引き戻されました。そして、同じお母さんの子どもとして誕生したのです。】

生まれ変わりの場合、前世での性格と現世の性格は同じなのか、そうではないのかという疑問があります。この点について、２００７年10月27日の森田氏の取材では、前世で60歳のとき死亡した現地の若い女性は、

「前世と今世は肉体が違いますが、『私』という感覚は同じですか？」という質問に対して、

「もちろん『私』は『私』で変わりません。しかし、前世の私の性格を思い出すと、今世の性格とあまりに違うので夢のような感じです」

と答えています。

これ以外にも『生まれ変わりの村』には、興味深い内容が満載です。箇条書きで主要なものを記しておきます。

○あの世とこの世のつながり

・この村には「スープの伝説」があり、あの世で出されるスープを飲まなければ、生まれ変わったときに前世のことを記憶している（取材の対象者はスープを飲まなかったので前世を記憶していた）。

・前世の家と再生した現世の家が近い。それでいて前世から縁のあった家に生まれた事例はない。たとえば、今世の夫は前世では私の弟だったとかの関係性（ソウルメイト）は

ない。
・前世のことを喋ると、頭が痛くなるなど体調を壊す。
・死んでもあの世に行かずに、この世で魂の状態で樹上に留まっていることがある。

○あの世の様子

・一生を振り返る走馬灯体験も、反省する場もない。
・管理人はいるが、偉い人はおらず、そういう人から指導を受けることがない。
・自殺者でも暗い孤独な世界にいるわけではない。
・来世はどの国で、どの家族で、どのような境遇で生まれようという計画をあの世で立ててはいない。どの親の元に生まれ変わるかと選ぶこともできない。
・肉体があり、この世と違ったところがない。ただし、寝たことはない。
・衣服は男性でも長いワンピースのようなものだが、皆同一ではない。
・この世とよく似ている。お金も使うし、動物もいるし、働いている。
・定住する家を持っている人が少なく、みんなフラフラとしている。
・太陽がない。しかし、明るいとき（昼）と暗くなるとき（夜）があり、あの世が夜になったときだけ、この世を見ることができる。
・地上界で病気であっても治り、死ぬときのけがの痛みもなくなる。
・いろいろな国の人がいるし、古代の恰好をした人もいる。
・お金はこの世で縁のあった分だけ、あの世で支給される。つまり、この世でお金持ちだった人は貧しかった人よりあの世で多くお金が支給され、いい暮らしができる。
・あの世でお金持ちになる方法として、死んだ人のためにこの世で紙のお金（ニセのお金でよい）を燃やすと、あの世に送ることができる。お金だけでなく物品も送れる。そのため、この村では、あの世へ送金するために、あの世のお金や物品を売っている。

さらに、時計がある、小さい赤ちゃんが二足歩行するなど、多数の再生者の発言が掲載されています。また、取材者の62％は自分が死んでもそれを認識していなかったこと、あの世の滞在時間は約2年7カ月であることも伝えています。

9　生まれ変わりは2種類あるのか

森田健氏の「生まれ変わりの村」における84人の調査報告には、心霊学的な見地からいくつかの検討すべき課題があります。スティーヴンソン博士の前世を記憶する子どもの事例と重複する課題も多々あるように思います。

第一に、魂の向上のために生まれ変わることや、前世で作ってしまったカルマを修正して魂を向上させることについては、この村の再生した人たちは一切ふれていません。

第二に、忘却のスープは、亡くなるとすぐにあの世で飲むため、そこで前世の記憶は失われるはずです。とするなら、前世の記憶を失いたくないとスープを飲むのを拒否して生まれ変わった霊のみが前世の記憶を有していることになります。

たとえば、数年前に死亡した父と話がしたいと父の霊を降霊しても、その霊がスープを飲んでいれば、生きていたときの記憶を失っていますから、息子の存在も知らず、会話が成り立たなくなるのではないでしょうか。

第三に、生まれ変わるのが出産のとき、もしくはそれに近い臨月のときであるとすると、それまで胎児には魂が無かった可能性も考える必要があります。

スピリチュアルの主な見解では、「水子《みずこ》」霊といわれる中絶・死産・流産した胎児の霊の存在は肯定されています。しかし、出生直前の胎児に新たな魂が入るのであれば、水子には魂が無いことになります。さらに、生まれたばかりの赤ちゃんの〝脳〟の中に、すでに前世の記憶が入っているとは考えにくくなります。

ちなみに、私たちの中に前世の記憶がある理由について、本山博氏は著書『人間の本質』で、人間の感覚が霊体を持つチャクラのようなものに記憶されると、時間を超えて、体を持っているかぎりずっと続くからだと述べています。

これらの課題について、次のような仮説を提示してみたいと思います。

心霊学では死んで地上から魂が離れて他界へ移り、地上界に再び現れるまでの期間は数十年から数百年という見解が有力です。それゆえ、死後数年を経過して、しかも狭い地域内で再生するという事例は、山蔭氏の見解をふまえると、胎児の体に霊が憑依して生まれ変わったと理解しているのではないかと思われます。

神道家の山蔭基央氏の著書『神道の生き方』（2010年、学研パブリック）によれば、山蔭氏は約千人の前世調査を行なっています。幽界の低級霊が誕生する子どもに憑依して、あたかも生まれ変わり（再生霊）のごとく装っている例が意外に多いことに気づいたと述べています。

山蔭氏のこの発言に従うなら、出生までの間に憑依した浮遊霊が子の意識を一生涯乗っ取ってしまい、本来の霊の意識を支配してしまうこともあるのではないかと考えられます。

さらに次のような仮説も考えられます。

いつ胎児に魂が入るのか。これについては、胎児の出生時まで魂が胎内を出たり入ったりしていて安定していないと考えるのが有力です。もしそうなら、胎児の魂が胎内から一時的に抜け出ているとき、その隙に数年前に死亡して近くをフラフラしている浮遊霊が吸い込まれるように胎内に入ってしまうことがあるのかもしれません。これは、胎児の憑依的再生ともいえる一種の生まれ変わりといえるでしょう。

こう考えれば、「生まれ変わり」の村の人たちから「カルマの修正のために生まれました」という言葉が出てこないことも説明がつきますし、水子霊の問題が出てこないこととも矛盾しないと思われます。

あの世で飲む忘却のスープの問題は、こう考えられます。死後の霊魂の進む世界たる「あの世」は、幽界、霊界、神界という階層になった世界といわれていますが、これ以外に「幽現界」と言われる現世と幽界の中間地点のような世界があることも指摘されています。そのため、霊魂が数年で再生することを前提にしてこの問題を考えるなら、忘却のスープを提供されるのはそのような風習のある幽現界であり、そこで忘却のスープを飲まなかった霊魂が再生すると前世を記憶していることになると考えられます。そして、この場合の生まれ変わりは、部分的再生ではなく、例外的に全部的再生なのではないでしょうか。

結論として、生まれ変わりには、このような胎児憑依的再生と、大多数のオーソドックスな再生との2種類があると考えられます。

なお、前世の記憶を持つ子が大きくなるにつれて急速に忘れてしまうのは、前世の記憶は脳にある記憶でなく、魂にある潜在意識だからです。大きくなるにつれて潜在意識は文字どおり脳へ潜在化してしまい、顕在意識が活性化します。

あの世へ品物・お金を送るというのは、日本ではお目にかかれない貴重な意見です。それができると信じられているこの地域の独自の文化が、実際にもそれを可能にさせていると考えられます。死んでしまえばこの世の財宝は決して死後の世界へは持っていけないと強く信じる文化である日本では、あの世の父のところへ届けと願って、日本紙幣を、または中国の売店で買った送付用のお金を燃やしたとしても、あの世にお金が届くとは考えづらいです。

本章の最後に、もう一度次の点を確認しておきたいと思います。

当然のことですが、人間が生まれ変わるのは肉体上の死後も私たちの魂が死なずに存続し続けることが前提となります。その魂は、たとえ認知症で物事をきちんと考えられなくなったまま死んでも、あの世に戻って、「ああ、私の今回の人生は大きな宿題（カルマ）の2つぐらいしか解けていなかったな」と反省します。この反省を踏まえて、魂のより一層の向上のために決意を新たにして再びこの世に生まれ変わるのです。

それはたいてい、残した宿題だけでなく、前世で作ってしまった宿題をも現世で解決できるように課せられた苦しみを含んだ一生と言えるものかもしれません。私たちは誰もがこのようなことを知らずに生きるのですが、それでも腐らずに人生を過ごさねばなりません。

ただし、単純にその運命的な苦難に耐えればいいというわけではありません。何より大事なのは、なぜ自分はこの苦難を受けるのかに**気づく（覚醒する）こと**が必要です。**地上界は人間の魂を向上させるための学校**なので、神は人間に何一つ教えません。神は人間が気づくことを望んでいるのです。とくに気づかねばならないことは、自分の苦しみの原因となる宿命や運命が、過去世と、生まれてから現在までの現世の思いと行ないによって作られること、自分の思いと行ないがいつかは自分に返ってくることです。

なぜそれが自分に返ってくるのでしょうか。スピリチュアリズムや神道によれば、他人にすることは自分にすることと同じだからといいます。

その内実は、スピリチュアリズムを分かりやすく解説した『デクノボー革命・下巻』（桑原啓善、でくのぼう出版）によれば、人は誰もが神の分身であるから、「あなたは私、私はあなた」「与えたら与えられる、奪ったら奪われる」ということにあります。**これが神の法たる因果律です**。ゆえに、自分の苦難の責任は自分にあります。

ちなみに、スピリチュアル図書の翻訳家・山川紘矢《こうや》氏も同様のことを述べており、氏の著書『輪廻転生を信じると人生が変わる』（2009年、ダイヤモンド社）には、人生でいちばん大切なことは、「**自分を知ること**」だと述べています。そして、この世の大多数の人は、競争は必要だし、人には優劣がある、戦争は必要悪であるなどとエゴイスティックな幻想の中で生きてきたので、自分が何者かを知らないと記されています。

6章

「幸せと心霊研究が関連する」ってほんとうか？

――心霊研究すると魂の向上とか心の成長などの言葉が出てくるけど一体どうして？

1 私たちはどう生きるべきか

心霊世界があると本当に信じられるのなら、**私たちはこの地上でどう生きたらいいでしょうか。**

そもそも、心霊世界を肯定するということは、「思い（想念）」「意識」がエネルギーとなって、三次元の地上界と異次元の世界（あの世）に一貫して存在し続けることを認めるに等しいのです。

私たちは皆、さまざまな思いや意識を持ってこの世で生きていますが、肉体を離れても存続し続ける魂（生霊・霊魂）にもさまざまな思いや意識があります。理性的な思考能力を欠く幽霊でさえさまざまな思いや意識があります。動物にさえも、生きていても死亡した後も思いや意識があります。さらに、物質にさえ意識があるといわれています。思いや意識にはすべて波動エネルギーがあり、そのエネルギーは思いや意識の内容に応じた現象を生じさせます。

学術研究により、意識には表面的な意識（顕在意識）と自分では明確に認識できない潜在意識とがあることがわかっています。とくに潜在意識の力が人間に奇跡をもたらすことは、ジョセフ・マーフィー氏らによって多くの自己啓発書に記されてきました。

人間の潜在意識は心霊世界から見ると、魂の表面的な意識となります。肉体で生きていたときの潜在意識はほとんど活動できない状態にありますが、肉体から魂が離れると、潜在意識が活性化されて超常現象を起こすのです。肉体を離れていない魂でも、人によって潜在意識が働いて、あるいは潜在意識を働かせて驚異の現象を起こします。

たとえば、**シンクロニシティ**（偶然の一致）というスピリチュアル現象があります。斉藤啓一氏の著書『世にも奇妙な「偶然の一致」の秘密』（２０１３年、学研パブリッシング）の序文に、次のような記載があります。

【ある雑誌に「偶然の一致」に関する記事を執筆することになり、そのための資料を探しに図書館に行ってみた。すると、広い図書館の中に1冊だけ、本棚の上に横になって置かれている本があった。たぶん、誰かがきちんと所定の位置に収めなかったのだろう。その本を本棚に戻そうと手に取った瞬間、私は自分の目を疑ってしまった。

なんとその本は偶然の一致に関する本だったのである。ちなみに、この図書館には、偶然の

【一致に関する本はそれ1冊だけであった。】

このようなシンクロニシティが起きる理由としては、自分の潜在意識の発する波動的エネルギーと対象物の発する波動的エネルギーが似ているため、その対象物が引き寄せられたとする見解が有力です。

精神世界の本でおなじみの「意識のエネルギーが地上に現象化を起こす」の文言は、科学の世界でさえ認められつつあります。それゆえ、自分が普段からどんな意識をもって過ごすかは幸不幸に直結します。

自分の抱くさまざまな感情や思いに苦しめられて人生を駄目にすることは、古今東西極めて多いことです。そうならないよう心のあり方に気をつけることが幸福に過ごすには極めて大事です。何をするにせよ、何を求めるにせよ、自分の魂を磨いて高める生き方をすることが、誤りのない人生を生きる基本になります。

＊　＊　＊　＊　＊

心霊の学びとは、日々の仕事や生活の中で霊格（魂）の向上に努めることをいいます。神道などでは「身魂磨《みたまみが》き」といわれます。

苦しみや迷い、悩みが一生の間にまったく無いという人はいないはずです。これらは自分の心と行ないが作り出しますが、その波動（波長）は、自らの心身の病気の原因となるだけでなく、家庭や社会との不調和をもたらします。それは真理に疎《うと》く、心のあり方に誤りがあるからだといわれています。それを正して生きるためには、この心霊の学びが必要なのです。必ずや心の安らぎが得られ、金銭や地位などでは手に入らない真の幸福への道を歩むことができます。

心霊の学びには、基本的な心霊知識と霊格の向上の内容を理解することが必要です。とくに霊格の向上のために必要なことは、主に次の4つです。

第一に、僻《ひが》み、妬《ねた》み、怒り、憎しみ、恨《うら》み、呪《のろ》い、奢《おご》りなどの感情を取り除くとともに、そのような感情を自ら抱かないように努めることです。

第二に、エゴや欲深さを改めるとともに、利他愛《りたあい》の実践を心がけることです。そのためには、自分の思いや行ないに誤りがなかったか常に反省することです。反省してみて、間違いがあれば神に詫びて同じ間違いを犯さないよう決心します。そのうえで、謙虚さを身につける、見返りを求めず他人を思いやる、他人の役に立とうとする、困った人を助けようとする、自然環境を大事にする、といった生き方を心がけることです。

第三に、あらゆる物・人に感謝する心、清い心、慈《いつく》しみの心の養成に努めるとともに、日頃から悪口、不平不満、愚痴《ぐち》、泣き事、文句を言うことを慎み（これを五戒《ごかい》といいます）、穏やかでおおらかで明るく過ごすように努めることです。

また、高慢にならず、卑下《ひげ》もせず、足ることを知って欲望・自己保存（自分さえ良ければよい）の想念を中道《ちゅうどう》にすることです。中道とは真ん中ではなく、間違いが無いという意味です。

第四に、日本の伝統的思想たる敬神崇祖《けいしんすうそ》の念を持った生き方をすることです。敬神崇祖の念とは宇宙の大霊《たいれい》や天照大御神《あまてらすおおみかみ》に繋《つな》がる氏神《うじがみ》（居住地の神）、産土神《うぶすな》（出生地の神）を主とした神々を崇《あが》め、かつ、先祖供養を通じて先祖霊へ愛念を向け、以《も》って神々と先祖へ自分が生かされていることの感謝の意を伝えることです。さらには、神が宿ると考えられている森羅万象《しんらばんしょう》に対する畏敬《いけい》の念をもつこともここに含め得ます。

2 心霊世界について知るべきこと、実践すべきこと

私には特別な霊感はありませんが、これまで日本内外の心霊に関する文献を広く調べるなかで、心霊の学びに関して、確かにわかったことをまとめてみます。なかでも、高橋信次《しんじ》氏、中川昌蔵《しょうぞう》氏、脇長生《わきちょうせい》氏、桑原啓善《くわはらひろよし》氏、吉田綾《あや》氏らの書物及び榎本幸七《えのもとこうしち》師による霊界通信などからは信頼性の高い情報を得ることができました。

《基本的心霊知識のエッセンス》

①各人は、因果律《いんがりつ》の下にあって、自分の思い、行ないに対して責任を負っている
②悪いカルマを償うためと魂を成長させるために生まれ変わる
③宇宙はさまざまな波動で充ちており、自分の発する波動の内容が幸、不幸を決める
④一切の苦しみは、心のあり方と行ないで修正する以外になく、死後も続く。また、死霊の苦しみの想念が地上界にも悪影響を及ぼす
⑤高い心境が高級霊、守護霊との交信を可能にし、彼らによる善導《ぜんどう》の機会をつくる

⑥死後の世界は階層的に分かれており、霊魂が浄化向上すると上層の世界へ移行する
⑦日本人は諸外国人と異なり、先祖の霊の影響を受けることが多いという特殊性がある
⑧人間は死後に霊になるのではなく、永遠に存在する霊がこの世で肉体に宿って生きている、つまりこの世では肉体と霊とが重なり合っている
⑨各人の背後《はいご》には守護霊（背後霊の１人）が生涯（死後も含む）付いている
⑩最高級の自然霊が最高位の唯一の神である
⑪幸福の鍵は、ｉ心境を高める、ⅱ神仏を信仰する、ⅲ先祖供養を行なう、にある
⑫想念（思うこと）が想念体になると、思いの発生源たる魂（私たちの心）・霊魂（霊界人の心）から独立して意識を有し、独立した姿を現して生き物のように活動する

この①から⑫は、神の摂理《せつり》といわれるものを含む重要な心霊知識の一部ですが、このような内容を理解し実践すること、及び自らの思いや意識を高めようと日々精進《しょうじん》することが霊格向上につながります。

これから、その一つひとつについて見ていくことにします。

①因果律について

これは「自分が蒔《ま》いた種の実りは自分で刈らねばならない」という宇宙の法則です。自分が過去や前世に蒔いた種が芽を出し成長し、カルマ（業）となってさまざまな報《むく》いを受けます。

因果律は当人の死によって消滅することなく、生まれ変わって（再生して）次の生へと引き継がれます。この世で他人を傷つけたり、悲しませたり、苦しめたりしたら、その報いを受けるために地上に再生しなければなりません。

もっとも、カルマは罰としてあるのでもなく、また、被害者の報復としてあるのでもありません。神からカルマが無理やり与えられるのでもありません。私たちは死後の世界において、カルマを刈るための青写真たる人生計画を自分が中心となって作り上げて（人生で関わる人も一定の役割で計画に参加します）、生まれ変わるのです。たとえば、このことを霊能者から詳細に聴いたロバート・シュワルツ氏は、著書『苦しみを選ぶ「勇敢な魂」』（2009年、ソフトバンククリエイティブ）で、「私たちの成長を願って、愛情から『いじめっ子』の役を引き受けた魂は、誕生前にこの役割を果たすことを合意する」と記しています。

他人に行なったことだけでなく、とらわれの心（権力、金銭などへの執着）や怒りや妬み、不平不満の気持ち、見栄や優越感、高慢などの感情自体もカルマを作り出す要因になります。

さまざまな過去世のカルマの一部が宿命となって課される今世は、過去の清算という一面をもちます。つまり、私たちの人生で起きるつらい現実は自分の過去と過去世に原因があります。そのため、人生の中で味わう悲しみや苦難の責任は自分にあると考えなければなりません（**カルマの法則**）。たとえば、米国の霊能者エドガー・ケイシーが記録した『転生の秘密　エドガー・ケイシー・レポート』（ジナ・サーミナラ、たま出版）には、耳が聞こえない人がいたが、その人は過去世ではフランス革命時の貴族で、自分に助けを求める人の声に耳をそむけていたとあります。

出生してから現在までの人生を省《かえり》みて、自分の発してきた言葉、想念、行ないの間違いに気づき、反省することがカルマの修正の第一段階となります。これについて、桑原氏は未来及び来世に幸福になりたければ、反省とともに、できるだけ幸福の種を蒔く必要がある、幸福の種とは「愛と奉仕」であるといいます。

②カルマと魂の成長について

過去世の悪いカルマを刈り取るためと、魂を成長させてよりよい世の中にする――自分に課せられた世のため人のためになることをする――ために、私たちは生まれ変わるのです。つまり、私たちは自分の人生の運命を自分で決定して生まれてきたということです（思考には実体があり、「求めよ、さらば与えられん」のように、地上界で自分の運命を創り出すことは不可能ではありません）。

ただし、このことは掟として、出生時に皆が忘れてしまいます。例外的に、幼少の頃に前世を語る子や胎内の記憶を語る子が時々出現しますが、これは人間が霊的存在であることを私たちにちょっとだけ知らせる神の配慮のように思えます。

つらい現実に直面したとき、「自分は何も悪いことをしていない」と人はよく言います。しかし、自分の過去世を知らずとも、自分に降りかかった現実を受け入れる必要があります。これに対して拒絶したり、不満に思っていたりすると、背後霊の援助が受け取れません。

桑原氏は「不幸の痛みは感謝すべきです。もしも痛くなければ、その原因である欲望や悪い感情を手放そうとはしないでしょう」と述べています。ですから、カルマの法則は自らの魂の成長のための大きな機会（糧《かて》）であると捉え、そこから学ぶべきものを身に付けることが必要です。また、見返りを求めない奉仕と利他的愛によってこそ、カルマを解消することが可能になります。

釈迦《しゃか》によれば、現世たる地上界は無明《むみょう》によって作られた無常な世界であり、因果律の中にさまざまな縁が入り込んだ因縁果がもつれ合った世界です、そんな現世は人間の心によって変えることができるというのです。植物の種が水、土、太陽光、肥料などの条件が無いと実を結ばないように、原因（因）があっても条件（縁）を無くすことによって結果（果）を生じさせないことは可能です。

誰もが再生してさまざまな人生を歩みます。ゆえに、現世の不公平、不平等は宿命的なものと認めるとともに、来世にカルマを残さぬよう人生に不満を抱かず、最善を尽くす生活態度が大事です（『心霊研究』誌1997年1月号「霊格の向上とその実践的方法」吉川富三）。

なかには、自分の魂を成長させたいとは思わない、好きな釣りでもやって悠々自適に暮らせればそれでいいと考え、他人に困ったことがあったとしてもそれは自己責任と思う人はいるかもしれません。しかし、そういう人でも困ったことがいつか起きるのが人生です。

「困った時の神頼み」を神は嫌います。たとえば、大災害に遭って隣人が助けてくれたとします。外見はあなたを助けたのはその隣人です。しかし、もしかしたら、そう仕向けたのは神かもしれません。そういう見えない霊的な助けを失いたくないのなら、自分の魂のあり方を考える必要があります。「世のため人のために尽《つ》くさしめ給《たま》え」という言葉が祝詞《のりと》に出てくることを理解すべきです。

③波動について

この世のすべてのもの、石も虫も犬も光も音も人間の体も思いも意識も言葉も固有の波動をもち、宇宙には無数の波動が飛び交っています。それぞれの波動には情報があるだけでなく、似たものは引き合う、自分の出した波動は自分に返ってくる、といった性質があります。

法や道徳に反した行為を行なわなくとも、愚痴や不満や人の悪口を言う、人をけなす、人に冷たい、怒りやすいというのは低い波動によるものです。そうした波動が周囲と摩擦を起こして心身の不調をもたらし、似た波動の人を引き寄せ、低い波動はもっと低い方へと増幅されて、人生に不幸をもたらします。同様に、低い波動の人は低級な霊を引き付けて人生に一層大きな不幸をもたらします。これは「類は友を呼ぶ」という宇宙の法則です。他方、後に記すように、心境の高い生き方をすると波動が高くなり、心身の健康も、人間関係や仕事も良好になり、人生に幸福をもたらします。幸福になるには、何より自分の波動をいつも高くするよう努めることが大事なのです。

波動は霊界にも伝わりますので、地上界にいても自分の発する波動と似た波動を有する霊と交信している状態となります（精神感応を含みます）。高橋氏は著書『心の原点』で、仏教では人間の心は一念三千と言っており、その人が何を思うかによって、暗い地獄界にも、光明《こうみょう》に満ちた天上界にも自由に通じてしまうし、暗い想念におおわれた人々を、諸天善神は守ることができないと説明しています。

さらに大事な宇宙の法則は、**思いは現実化するという法則**です。思いの波動は自分から離れて宇宙の隅々まで、そして霊界まで広がり、そのエネルギーが強まると現象化しやすくなります。ですから、良い思いを抱いていると良いものを現象化させることもできるのです。

ちなみに、「人を呪《のろ》わば穴二つ」の言葉にあるとおり（穴二つとは自分と相手の遺体を埋める穴のことです）、人を呪ったり悪いことを行なったりすると自分に跳《は》ね返ってきます

（参考『未来を開く「あの世」の科学』天外伺朗、祥伝社）。

④苦しみについて

健康でもお金でも人間関係でも、もっと欲しい、もっと自分の思いどおりにしたいという欲望や、自分は正しい、その自分に対立する相手は許せないという思い、あるいは自分は格上で完璧なのに格下で自分より劣ると思った相手に怒りや妬みなどを抱くことは私たちの心に苦しみを作ります。そうした苦しむ波動のレベルは低いですし、そういう思いのまま過ごしていると、それが蓄積して、いつかトラブルが発生することになります。

苦しみから解放されたいと自殺する人がいます。しかし、魂は死なずに苦しい意識のまま死後の世界へ赴《おもむ》きます。死んでも苦しんでいるのです。自殺は自らの魂の向上を停滞させるだけでなく、死霊の苦しみの想念は地上界の人へ障りや憑依などの霊現象をもたらします。

死んでも苦しみは消えないのですから、生きている間に、苦しみの原因はどこにあるかに気づくことが大事です。そして、日々思うこと、口にすること、行ないに苦しみを作る原因がないか振り返り、気づいたら反省して正していくことが心霊の学びの中心となります。

取越し苦労して悩む人は少なくないでしょう。これについて脇氏はこう言います。取越し苦労は現象化することがあるからいちばん良くない、守護霊に守られていることを強く思いなさい、と。シルバー・バーチも同様に、

【取越し苦労、疑念、不安、こうした邪念がインスピレーションにあずかるチャンスの障害となっています。そういう念が心に宿るスキを与えてはなりません。】

と述べています（『シルバー・バーチの霊訓（三）』潮文社）。

ちなみに、これは重要なことですが、吉田氏は背後霊に祈願した後は背後霊の活躍の場ができるよう時を稼いでいれば、事態が好転することがあるといいます。

⑤心境を高くすることについて

心境が高いというのは、高い波動を出していることです。接する相手に対して思いやりある行動をとる、相手に喜ばれるような行動をとる、何事にも感謝するといった日頃の生

き様が高い波動となります。

また、言葉は言霊《ことだま》として波動パワーをもつので、自分の発する言葉には注意が必要です。「ありがとうございます」の言葉のもつ効用は有名です。

脇氏は、心境の高さが必要なのは波動の高い高級霊・守護霊と交信するためには理性的な心持ちでなくてはならず、感情的では交信できないからであると述べています。吉田氏も高級霊と連絡がとれることは地上生活を幸福にするための端的な道であるといいます。参考までに、脇氏は著書『精神統一要諦』（日本スピリチュアリスト協会）で、次のように解釈しています。


【具体的には、ひたすら反省を心掛け、「憎しみ」や「我執」、すべての「取り越し苦労」を取り除くことである。すなわち、憎しみから派生した「怒り」、「嫉妬」、「争い」、「怨み」、「邪推」、「偏狭心」、肉体的欲望であり我執の類である「うそ」、「偽り」、「虚栄心」、「利己心」、「不調和」、「うぬぼれ」、「依頼心」、「良心に背反する心」、取り越し苦労の類の「心配」、「気がね」、「あせり」、「いらいら」、「ひがみ」、「引っ込み思案」などをとり除くことにある。】

ただし、深く反省したら、あとは後悔せず、自分を赦《ゆる》します。他人から何かされた場合も、なぜ自分に対してそうしたのかを考えて、他人を赦すことです。強い恨みの念を持ち続けて加害者を赦さない被害者が、加害者以上に霊界で苦しんでいることもあるようです。

なお、悪事を働いてしまった場合は、単に反省しただけでは不十分で、償い、すなわち罪滅ぼしが必要であるといいます。

桑原氏は『デクノボー革命・下巻』（でくのぼう出版）30頁で、良い波動を出して守護霊などの善霊と結びつくと、良いアイディアや良い考えを得て、良い行動をする、良い言葉を言う、良い思想を思いつく、それで結局幸福が得られると記しています。

悪感情を制御して心境を高くすることを可能にする方法のひとつが、精神統一を実修することです（㊟瞑想《めいそう》も同様に考えられます）。精神統一によって頭の中から雑念を取り除き、意識が清浄になるひとときは、脳波をアルファ波以上の高い波長に導きやすく、潜在意識を活性化させます。

それが契機になって守護霊との絆が深まり、背後霊団を通じて高級霊の加護にあずかり、自己の天賦《てんぷ》の才能が発揮できるよう導かれます。

さらに、精神統一の実修により地上界と霊界の両界にわたって調和を得ることが可能になるといいます。調和とは異質なものが相互に補い合い、秩序とバランスを保つことです。男と女、動物と植物、資本家と労働者などは相互に調和しなければ生きられません（参考『不運より脱出する運命の法則』中川昌蔵）。霊界人は自分と関係する地上の人間を背後から適切に助けることで霊格の向上に繋がり、地上の人間と調和します。

⑥死後の世界が階層社会であることについて

死後の世界である霊界を幽界、霊界（狭義の霊界）、神界の3つに分けるのが一般的です。大多数の人は死後に幽界へ入りますが、幽界だけでも上層から下層まで無数の境域になっていて、どの境域に入るかは自己の魂の成長レベルによります。幽界の最下層に当たる地獄は苦界《くかい》ではありますが、永遠に罰せられるところではありません。幽界は、次の階層である霊界へ行くための準備をするところです。魂が浄化向上して幽界から霊界へ移行すると、類魂の中に溶け込み、一体化します。

⑦日本人の特殊性について

日本では先祖霊を供養することは大事です。苦しむ先祖の霊が地上の子孫に救済を頼って、さまざまな災厄を子孫に生じさせることもあるためです。子孫による供養が先祖霊の気持ちを安らげて苦しみを治めることになります。先祖供養の内容は僧侶の読経や高価な仏壇ではなく、子孫たる私たちが正しく明るく、かつ神仏・先祖に感謝して生活することが一番であるといいます。

家の中での先祖霊の祀り方は、先祖霊の寄り代《よしろ》となる位牌または「〇〇家先祖代々の霊位」と書かれた短冊《たんざく》の前に毎日水と線香をあげて感謝すること、すなわち、先祖の恩恵を受けて生かされていることへの感謝と先祖霊の浄化向上を祈ることでよいようです。

先祖霊の中には地上への執着の念を抱いている者もいるので、地上に執着しないで霊界で魂の向上に努めるよう伝えるようにします。浄化向上した先祖霊が素直な子孫を加護することもあります。

⑧肉体に宿る霊について

人間は、この世で霊格向上の学習と修行をするという目的のために一時的に霊（意識体）が肉体に宿った霊的な存在です。つまり、人間は肉体と見えない霊とが合わさった二重構造になっています。宇宙も同様に、見える宇宙（物質世界）と見えない宇宙（異次元世界、霊界）とが合わさった二重構造になっています。霊は霊格向上の目的に適した国、地域環境、両親と先祖などの情報を把握し、現世の宿命を計画したうえで胎児の中に入り込みます。

なお、意識（魂）の容れ物たる霊は、意識のエネルギーによって異次元の空間にあるミクロの素粒子が集合して作られ、かつ、幽体、霊体、本体といった見えない体が多重構造になっています。

また、人間は宇宙の大霊《たいれい》の分け御霊《みたま》として生まれていて、その背後ですべて宇宙の大霊と繋がっています。その意味では、誰もが神の子であるともいえます。

⑨守護霊について

私たちには生まれたときから例外なく1人の守護霊が付いていて、1人ひとりの人生航路を指導し援助しています。しかし、人間の受ける災厄の解消に奔走するわけではありません。この役に付くのは、主として祖先の関係にある霊界の居住者にあり、主に数百年くらい前に他界した霊です。指導霊などとともに、高級祖霊《それい》とも言われています。

類魂の祖《おや》（守護神）の元で高級霊らによる協議が行なわれ、類魂の中から地上で修行する分霊を地上界に送り出すのが生まれ変わりです。ですから、地上に生まれ変わった霊はいわば分家であり、本家筋《ほんけすじ》である守護霊につながることで神につながることができます（守護の神界組織）。つまり、守護霊は私たちと神界との中間にあって私たちの願いの取次をする役目をします。また、私たちが仕事を行なううえで守護霊が必要と感じれば、1人か数人の指導霊を呼んで私たちに付けてくれます。指導霊が付くと、専門的な職業を上手くこなすことができるといいます。

守護霊、指導霊その他の善霊により背後霊団が構成され、守護神の指導下に置かれます。それぞれの霊が各自の力に応じた働きをし、地上の人間は真に幸福な人生を歩むようになります。

⑩神について

神（ゴッド）とは絶対唯一の存在であり、天地創造の神、宇宙の大霊であると解するのが欧米のスピリチュアリズムです。日本では欧米でいう守護天使、精霊に当たる高級な自然霊なども神あるいは仏と呼んで崇《あが》める対象にします。日本人の伝統的信仰は、ゴッドを中心とした神界（如来《にょらい》界、菩薩《ぼさつ》界など）にある神々、神仏を崇拝するものです。

どの神を選んで崇敬《すうけい》し、祈りの対象にするかは国民性の相違によるものでしょう。神界はピラミッド型の組織になっており、その頂点にある宇宙の大霊の下に会社の部長・課長・係長の如く如来、菩薩、諸天善神《しょてんぜんしん》などがいます。

人間は神の分霊なので、私たちの1人ひとりの中には神がいるといいます。私たちは内なる神（これは良心でもあります）を汚さぬよう家族を大切にし、身近なところから世の中に貢献することが必要です。

中川氏は、日本の神社のほとんどは土地の守護神（氏神《うじがみ》、産土神《うぶすながみ》）を祀《まつ》ったもので、これは八百万神《やおよろずのかみ》たる諸天善神にあたるといいます。海外の霊界通信にも、産土神と同様の天使が認められるといいます。

⑪幸福の鍵となる三要素について

心境を高めるには、やはり良い意識を保つこと、世のため人のために行動することが大事です。その姿勢を支えるのが神仏信仰と先祖供養です。

自らの霊格を高めようと、かつ安心立命《あんしんりつめい》の境地を求めて神仏を信仰することは大事です。具体的には、氏神神社の神札と神宮大麻《じんぐうたいま》の神札（天照皇大神宮と記されています）の2つを収めた神棚の前で、毎日、朝晩柏手《かしわで》を打って（二礼二拍手一礼）祈るようにします。

榎本幸七師が受けた霊界通信によれば、朝に1日の平穏無事を願い、晩に「今日も1日無事に過ごすことができ有難うございました」と感謝し、1日と15日（当日都合が悪ければ翌日以降でも可）の月2回は、氏神へ参拝するのがよいとのことです。

祈り方は過去形で感謝の祈りにすると良いようです。たとえば、「神様、助けていただきましてありがとうございます」という表現であれば良いと思います。

苦しみは先に述べたように、自分の心と行ないが作るものですから、自分が反省しないまま神仏に苦しみを取り除いてほしいと願っても効果はないし、むしろ神社仏閣にさまよう未浄化霊の障りを受けて、以前より不幸になる可能性を高めることさえあります。

先祖供養を日々行なうことは、先祖霊が浄化向上するだけでなく、それによって子孫自身の慈悲心も養われるので、私たちの霊格向上に役立つことになります。

ただし、先祖霊に対しては、苦しみを訴えて助けてくださいと祈ることは絶対にしてはいけません（参考『幸福への波動』鶴田光敏、文化創作出版）。

何より霊格向上のために大事なのは、周囲の人はもちろん、神仏、先祖霊、背後霊への感謝を忘れぬことです。それこそ幸福の鍵《かぎ》です。それも必ず習慣のごとく「ありがとうございます」と〝口に出して〟(心で思うだけでは駄目)言うことです。

もっとも幸福に生きられる人は、嫌な人に会っても学ばせていただいたと感謝します。災難に遭っても軽い災難で済んで良かったと感謝します。
⑫の想念体についてはすでに第1章で詳しく述べていますので、そちらを参照してください。

おわりに

本書は、世にあるさまざまな心霊現象の記録を取り上げて、霊界と霊的存在（神仏、天使、精霊、幽霊、死霊など）が実在するか否かを考えていただくためのガイドブックとして書きました。おそらく、本書を読まれると「あの世ってあるんだなぁ」「こんな自分の知らなかった見えない世界があるんだ！」と納得されるにちがいないと思います。

ただし、私自身はまったく霊能力を有せず浅学非才な身ゆえに、霊能者及び心霊に造詣の深い方々からすぐに間違いの箇所を指摘されるのではないかと考えます。しかし、本物と思われる霊能者の意見でさえも、実際にはかなり異なるところがあります。1人の霊能者の意見をすべて絶対正しいと盲信するのは、危険なところがあるように思います。

さて、心霊の世界を知ること、学ぶことは長い人生を歩むうえで非常に重要なことです。生きているうちに間違いを犯し、悩み苦しむことは誰にでもあり得ることですが、実はそれには心霊の世界が大いに影響していることが少なからずあるからです。たとえば、本文で紹介した障りによる災難・病気は、その影響のひとつにすぎません。『吉田綾霊談集・

上』（公益財団法人日本心霊科学協会）には、あの世とこの世について概略こう記されています。

【人間の運命が、見えない世界、すなわち、その地上の物質界とは次元を異にする魂の世界に住む魂などによって深浅さまざまな影響を絶えず受けているという、人間にとって極めて大切な、この事実を知っている者は少ないのです。ではなぜ、この大事な事実を知る者が少ないかと言いますと、多くの人が偏見にとらわれて、人間を全的に見る目を無くし、肉体だけが人間だと思い、自分とは物質で出来ている肉体そのものと、不幸な考え方をしているからでありす。人間とは顕幽両界にわたる生活、すなわち、地上の物質界と、魂の世界との、両面の生活を常に営んでいるものであります。】

膨大な心霊書に接しますと、異次元の霊的な世界が存在して私たちの地上の世界にさまざまな影響を与えていること、私たちの魂が肉体の死後に異次元の霊的な世界へと移行することが真実であると考えざるを得ません。

私たちの生き様は異次元世界の住人（霊）から見られていること、心の中身まで読まれているこど、さらに、人間は「生まれ変わり」によって肉体の死後、魂が「あの世」にいったん移行しても時期が来れば再び地上に戻ること、しかも前世のカルマという宿題を持って生まれてくることをきちんと理解することが何より大事です。

本書では心霊現象を中心に取り上げましたが、これは電話のベルのようなもので、それ自体は重要なことではないとコナン・ドイルは記しています（『コナン・ドイルの心霊学』潮文社、近藤千雄訳）。心霊現象はそれが実在するものであることさえわかれば、他愛もないベルの音でしかなく、本当に大事なのはベルのあとにくるメッセージ（霊界通信及び霊交思想）なのだと。

現在では、「このように生きなさい」、「神の法則はこうなっています」、あるいは「地上にいたときにこんなことをしたため、今はこういう状態で霊界にいます」といったたくさんのメッセージが残されています。また、続々と新たなメッセージが、精霊（高級霊）や神や大天使からももたらされているようです。

ただ、こういったメッセージに重要性を認めて理解し、心の奥深くまで留めておくには、正しい心霊知識を持ち、かつ心霊が真実だと納得することが本来前提となるべきです。しかし、心霊が存在することを万人が納得するだけの絶対的証拠はあるのかと疑問をもつ人は世界中に少なくありません。というのも、これまで心霊に関して科学的な調査、研究が徹底的に行なわれてきましたが、科学実験に必須の再現性に乏しいだけでなく、その結果には少々疑問符がつくようなことが多いからです。

たとえば、降霊によって呼び出した有名人の霊は専門的なことはきちんと答えるのに、どういう訳か自分の名前を忘れてしまうことが多いのです。幽霊出現スポットへ高度な撮影機材を持ち込んで幽霊を撮影しようとすると、機材が原因不明で動かなくなることもよく起こります。幽霊を見ることのできる人は多くはありません。前世のことを口にする幼児の出現は極めて稀です。超能力を信じない人と信じる人では超能力に関する実験の成果は大きく異なります。世に心霊写真は多くあっても有名な故人がアップで写真に写ることはありません。なぜでしょうか。

その理由は、神が「心霊の絶対的証拠がなぜか出てこない」という法則（ジェームズの法則）を定めていることによると思われます。心霊の絶対的証拠があって、誰もがそれを認識してしまってはこの世が人間の修行の場ではなくなってしまいます。つまり悪事はしたいが後でその報いを絶対に受けるから悪事はやめようではなく、心霊世界の存在に自ら気づくことによって霊格を向上させてほしい、地上を天国にしてほしいと神が考えているからではないでしょうか。

だとすれば、私たちは幽霊とか憑霊などの心霊現象を偶然体験しただけであっても、あるいは催眠術をかけたら習ったことのない古代インド語を口にする人がいることを知っただけでも、霊の世界は存在するのかもしれないと気づき、あの世とこの世の関わりを読み解いていくことが必要です。というより、それによってしかこの世を幸せに生きる道しるべは見つからないと私は考えています。


改めて申し上げますが、心霊の問題の基本をきちんと理解すれば、私たちの生き方をよりよくすることに繋がるという点が何より大事です。

これまで怪異として扱われた心霊の事例も、背後には意識や思いがあります。強いエネルギーを持った意識や想念は肉体を離れても独立して活動することや、意識や思いが持つ波動的エネルギーが現在の科学では公的に認めていない超常現象を起こす源になることが心霊の基本といえます。意識や思いの実体は、生きている人間の場合は頭の中で発する言葉です。

それゆえ、より良い人生を歩みたいと心から望むのであれば、頭の中で作られる言葉に最大限注意を払い、物事を良いほうに考えて頭の中に良い言葉――あたたかく愛や調和のある言葉、感謝の言葉を発しましょう。そして、それを声に出して言いましょう。

意識や思いが人生の希望にも関わるということから、心霊の問題は成功哲学や自己啓発に波及するといえます。今の〝スピリチュアル〟ブームにちょっとついていけない思いをもつ人は、まずは心霊を基本から書いた本書を繰り返し読んで、スピリチュアルの世界に興味をもっていただきたいと思います。

最後まで読んでいただき有難うございました。

◆参考文献

『神道の生き方』（山蔭基央、学研パブリッシング）
『神道の神秘』（山蔭基央、春秋社）
『心の原点』（高橋信次、三宝出版）
『悪霊Ⅰ』（高橋信次、三宝出版）
『悪霊Ⅱ』（高橋信次、三宝出版）
『吉田綾霊談集　上・下』（吉田綾、公益財団法人日本心霊科学協会）
『神からのギフト』（山村幸夫、「神からのギフト」出版会）
『与え尽くしの愛』（山村幸夫、「神からのギフト」出版会）
『異界からのサイン』（松谷みよ子、筑摩書房）
『あの世からのことづて』（松谷みよ子、ちくま文庫）
『人は永遠の生命』（桑原啓善、でくのぼう出版）
『スピリチュアルな生き方原典』（桑原啓善、でくのぼう出版）
『不運より脱出する運命の法則』（中川昌蔵、文芸社）
『人は死なない』（矢作直樹、バジリコ）
『幸福への波動』（鶴田光敏、文化創作出版）
『人間死んだらどうなるの?』（浅川嘉富、中央アート出版社）

『「あの世」が存在する7つの理由』（ジャン＝ジャック・シャルボニエ、サンマーク出版）
『投影された宇宙』（マイケル・タルボット、春秋社）
『世にも奇妙な「偶然の一致」の秘密』（斉藤啓一、学研パブリッシング）
『怒らないこと』（アルボムッレ・スマナサーラ、サンガ）
『怒らないこと2』（アルボムッレ・スマナサーラ、サンガ）
『執着しないこと』（アルボムッレ・スマナサーラ、中経出版）
『もう、怒らない』（小池龍之介、幻冬舎）
『考えない練習』（小池龍之介、小学館）
『人生の意味と量子論』（川又三智彦、高木書房）
『死の意味と量子論』（川又三智彦、高木書房）
『ここまで来た「あの世」の科学』（天外伺朗、祥伝社）
『未来を開く「あの世」の科学』（天外伺朗、祥伝社）
『死後の世界を突きとめた量子力学』（コンノケンイチ、徳間書店）
『量子の宇宙でからみあう心たち』（ディーン・ラディン、徳間書店）
『人生は本当の自分を探すスピリチュアルな旅』（近藤千雄、ハート出版）
『神霊主義』（浅野和三郎、でくのぼう出版）
『読みやすい現代語訳　心霊講座』（浅野和三郎、ハート出版）
『苦しみを選ぶ「勇敢な魂」』（ロバート・シュワルツ、ソフトバンククリエイティブ）

『見えない世界と繋がる』（三浦清宏、未來社）
『心霊づきあい』（加門七海、メディアファクトリー）
『怪のはなし』（加門七海、集英社文庫）
『不思議な世界の歩き方』（布施泰和、成甲書房）
『鎮守の杜の神々』（潮武臣、山雅房）
『輪廻転生を信じると人生が変わる』（山川紘矢、ダイヤモンド社）
『人生を変える極上の教え』（山川紘矢、イースト・プレス）

読むだけでスッキリわかる「あの世」とのつき合い方

2016年11月21日　第1刷発行

著　者――――頌桂

発行人――――山崎 優

発行所――――コスモ21
〒171-0021　東京都豊島区西池袋2-39-6-8F
☎03(3988)3911
FAX03(3988)7062
URL http://www.cos21.com/

印刷・製本――三美印刷株式会社

定価はカバーに表示してあります。

ISBN978-4-87795-343-0 C0030